AF470264

PRINCIPES
DE
DROIT NATUREL.

TOME PREMIER.

Conformément aux Lois, il a été déposé deux Exemplaires à la Bibliothèque Nationale.

De l'Imprimerie de NICOLAS (Vaucluse) et BOUTONET.

PRINCIPES
DE
DROIT NATUREL
APPLIQUÉS A L'ORDRE SOCIAL,

A L'USAGE DES JEUNES GENS DESTINÉS AUX FONCTIONS PUBLIQUES.

PAR J. P. MAFFIOLI, ancien Jurisconsulte de Nancy.

. . . . . . *Scelerum si bene pœnitet,*
Eradenda cupidinis
Pravi sunt elementa, et teneræ nimis
Mentes asperioribus
Formandæ studiis. . . . .
Hor. Od. 18, Liv. 3.

TOME PREMIER.

A PARIS,

Chez P. Mongie, Libraire, Cour des Fontaines entre la rue des Bons-Enfans et le Palais du Tribunat, n°. 1; et Galeries de bois du Palais, n°. 224.

AN XII. — 1803.

DISCOURS PRÉLIMINAIRE.

TOUS ceux qui ne pensent pas qu'une force aveugle gouverne cet univers, ont reconnu dans la nature, des élémens primitifs, éternels, immuables, et ils ont appellé l'ensemble de ces élémens, *Système du droit naturel.*

On seroit porté à croire, d'aprés cela, que les hommes pour leur propre interêt, ont donné à ces principes tout le développement dont ils sont susceptibles, que depuis long-tems ils sont la régle publique de toutes leurs actions, la base de toutes leurs institutions.

Mais ce seroit là une erreur, une illusion trop séduisante. Oui, dans tous les tems ces principes ont été sentis, reconnus, et par le plus singulier des contrastes, il n'y a peut-être pas eu de science qui ait été moins cultivée, ou soit restée plus imparfaite que celle du droit naturel.

Quelques sages de l'antiquité, il est vrai, ont parlé d'*une loi de nature* qui n'a pas besoin d'être enseignée, qui est connue de tous les esprits, gravée dans tous les cœurs, mais ils en sont restés à ces propositions générales, à ces lieux communs-oratoires; ils n'ont développé, ni arrêté les principaux articles de cette loi; ainsi l'on peut dire que dans le fait, elle n'a point existé chez les anciens.

Ce qui d'ailleurs ne laisse aucun doute à cet égard, ce sont les variations et les inconséquences où sont tombés ceux d'entr'eux, qui ont le plus médité sur ces objets; c'est sur-tout, l'état du droit des gens et du droit public, lesquels, chez les nations anciennes dont nous célébrons davantage les lumières et la politesse, ont été une infraction manifeste et perpétuelle de la loi prétendue connue de *tous les esprits* et *gravée dans tous les cœurs.*

L'étude du droit naturel proprement dit, n'a commencé dans le monde, que depuis une religion qui a distingué explicitement entre le *droit et le fait*, encore, cette étude ne s'est faite et n'a produit un corps de doctrine régulier, que dans des tems très-modernes.

Ce fut dans le cours du seizième siècle seulement, que Grotius ouvrit cette carrière par ce traité lumineux, où pour montrer les seuls motifs qui peuvent autoriser l'homme à employer la force contre son semblable, et pour diminuer les horreurs de la guerre, il expose les principes généraux du droit naturel, et du droit des gens.

Vers le même tems, un auteur anglais (Thomas Hobbes) publia son livre *De Cive*, où il recherche systématiquement et avec méthode, quels sont dans la nature les fondemens *d'ordre social*, en faisant abstraction de l'ordre établi.

Les maximes de Hobbes jointes à celles de Spinosa, qui le suivit de près, ayant répandu une trop juste alarme, ayant donné lieu à des réfutations, à des discussions neuves et du plus grand intérêt, ce fut dès cette époque que le droit naturel fixa l'attention des savans les plus distingués, à la tête desquels on place le célèbre Puffendorf; mais dans ce nombre, je ne vois aucun écrivain francais (si ce n'est Barbeyrac) et l'on sait que ce dernier, quoique né en France, a professé toute sa vie dans des universités étrangères.

Voilà les premiers, entre les modernes, qui ont fait des traités méthodiques sur ces matières, mais je dois l'observer ici d'abord: ces écrivains ne se sont pas bornés aux principes, ils en ont embrassé jusqu'aux dernières conséquences, en ajoutant aux preuves du raisonnement, tout ce que l'érudition a pu leur fournir, en sorte que leurs recherches conviennent plutôt aux hommes déjà instruits, qu'à ceux qui veulent s'instruire.

C'est ce qu'a fort bien senti le judicieux Burlamacqui: ce professeur, pénétré de l'importance du droit naturel, a connu tout le prix des ouvrages publiés avant lui sur ce sujet, mais il a compris en même tems qu'ils ne seroient pas très-utiles à la jeunesse, si on ne les réduisoit à ce qu'ils ont de plus esentiel, et il a lui-même travaillé à cette réduction, qu'il a exécutée avec le plus grand succès. On doit lui rendre cette justice: son livre a le mérite d'être vraiment élémentaire, quoiqu'il ne soit point exempt d'erreurs, quoiqu'il ait encore besoin d'explications et de développemens.

J'ai dit que nul auteur français ne figuroit parmi ceux qui ont écrit sur le droit naturel, et en cela je ne crois pas m'être trop avancé: il ne me paroît point que l'on puisse ranger dans cette classe l'auteur illustre de l'Esprit des Loix, en effet, cet ouvrage est d'un autre genre que ceux dont je viens de faire mention. Le Président Montesquieu a moins cherché à nous apprendre l'essence des choses, que les maximes des Grecs, des Romains, ou des législateurs différens dont il a étudié l'histoire, et l'on peut, ce me semble, regretter qu'un génie aussi supérieur, ne soit pas entré dans une carrière ouverte peu de tems avant lui, et où il restoit encore à faire les plus grandes découvertes. Alors son livre eût été bien intitulé *Esprit des Loix* : car je ne vois pas qu'une loi puisse avoir d'autre esprit que celui des principes préexistans à toutes les sociétés, à toutes les institutions.

Si en général les Français ont peu écrit sur ces matières, toutefois *ex professo*, c'est dans ce sens que je l'entends, (à la rigueur, il n'est pas possible de traiter aucune espèce de question, sans parler de droit naturel) on doit dire aussi qu'elles n'y étoient pas regardées dans les écoles comme un article fondamental, ou en tous cas, qu'elles n'y étoient pas suffisamment discutées ou approfondies. L'on y enseignoit bien les élémens de la jurisprudence française et romaine, les dispositions des coutumes particulières, mais cette étude n'étoit point précédée par celle de ce que l'on peut appeller le *Rectum Naturæ*, lequel est indépendant des lois et usages propres à chaque peuple, et dont souvent ces derniers sont très-éloignés; aussi, (et personne ne l'ignore) quand cette opposition étoit trop sensible, le professeur ne pouvoit s'empêcher de l'observer en disant à ses éléves..... voilà le *statut positif*, mais voici le *droit naturel.*

Cette dernière science étoit regardée comme si peu digne de nos soins, comme si peu importante à notre éducation, que la plupart des éléves de jurisprudence ne connoissoient pas même les *principes* de Burlamacqui, quoique ce livre fait exprès pour eux, ainsi que je l'ai annoncé, eût réduit aux élémens, des écrits qui sont trop volumineux pour leur âge. Enfin, une chose dont il est impossible de disconvenir, et qui est un vaste sujet de réfléxions, c'est que très-peu de candidats du barreau et de la magistrature, (même des plus distingués par leurs talens) avoient des notions *exactes* sur le sens de ces mots..... être *moral* et *moralité*, sur la *suffisance* ou l'*insuffisance* de la raison, *comme loi sociale*, sur l'*essence* de la *souveraineté* et de la *liberté*, etc. ils ne savoient pas non plus au juste ce qu'est *la loi* prise dans le sens *abstrait*, ce que l'on doit entendre par *droit naturel*, si celui-ci est par lui-même une *loi*; ils ne savoient pas davantage, ce qu'est en *général* une *religion*, si celle-ci est *nécessaire* ou seulement *utile*, si ce qui doit *lier* un être libre ou plutôt le *relier* (*a verbo religare*), peut de sa nature venir de cet être lui-même ; ils ignoroient la vraie raison pour laquelle un homme doit *commander* à son *semblable*, et *celui-ci obéir*, etc. etc. Toutes ces questions, qui doivent être fixées avant de savoir s'il doit y avoir dans le monde, une *théologie*, une *morale*, une *jurisprudence*, une *politique*, un droit de *paix* et de *guerre*, etc. etc. toutes ces questions préalables, sans la décision desquelles, les sciences dont je viens de parler, ne sont que de vains sons, et des disputes où il est impossible de s'entendre, toutes ces questions, dis-je, nous étoient presqu'étrangères, ou, en tous cas, nous n'en avions qu'une teinture fort superficielle.

Quelles ont été les suites de cette incurie sur des points aussi capitaux, et sans la connoissance desquels on ne peut supposer celui que Cicéron appelloit un *homme libre*, et à plus forte raison un homme public?

Ces suites ont été plus sérieuses qu'on ne l'imagine ordinairement.

Toutes les assertions les plus hazardées et les plus fausses, s'emparèrent sans nulle résistance, de l'esprit des jeunes gens, qui étant sans boussole ne pûrent qu'aller à tout vent, qui dépourvus de principes, se trouvèrent naturellement hors d'état de démêler le vrai d'avec le faux, dans des propositions qui leur étoient présentées sous un nom célèbre, avec toutes les graces du style, et d'ailleurs soutenues par des argumens *plausibles*.

N'est-ce pas là ce que mille exemples nous attestent, mais qu'il me soit permis d'en rapporter un seul: certes il sera bien suffisant.

Quand le Contrat social de J.-J. Rousseau parut, on l'accueillit avec enthousiasme, on le regarda comme la théorie la plus parfaite qu'on eût encore vue.

Il n'y a pas long-tems que ces choses

se sont passées, c'étoit pour ainsi dire hier, et aujourd'hui nous sommes fort surpris que ce livre ait eu un si grand succès.

Cependant si l'on en cherche la cause, on trouvera que rien n'étoit plus naturel: Rousseau traitoit fort habilement un sujet, qui en lui-même n'étoit pas nouveau, mais auquel pour le plus grand nombre nous étions tout neufs. Comment ceux qui n'avoient pas une idée exacte et précise de la *souveraineté par essence* auroient-ils pu contester à ce philosophe ce qu'il disoit sur la formation du souverain? Sans doute on ne peut juger si une conséquence est vraie ou erronée, quand on ne connoît point le principe dont elle dérive.

Ce qui vient d'être observé à l'occasion du Contrat Social, peut s'appliquer également à plusieurs autres écrits fameux, qui avant ou après celui-là, ont fait une grande sensation. Pourquoi ont-ils eu tant de célèbrité? Ne seroit-ce point aussi parce que l'on ne nous avoit pas donné dans nos écoles, les premières notions des choses qu'ils nous présentoient avec beaucoup d'art et sous des couleurs très-séduisantes?

Assurément, si ces écrits eussent été discutés, analysés par les maîtres, conferés avec le droit naturel, ils n'auroient point fait la fortune dont nous avons été témoins; on eût accoutumé les élèves à exercer leurs propres forces, à ne pas en croire sur parole l'écrivain le plus habile; l'opinion publique supérieure à tous les talens, eût fort bien distingué entre le mérite personnel de l'auteur, et la justesse de ses assertions; enfin elle nous eût rendu attentifs sur cette vérité bien affligeante pour l'humanité, mais trop certaine, que le plus bel esprit, l'imagination la plus riche peuvent commettre les erreurs les plus grandes et les plus dangereuses.

Il y a plus, je vais même jusqu'à poser en fait, (en reprenant l'exemple cité tout-à-l'heure,) que si Rousseau et Burlamacqui eussent été conférés l'un à l'autre, l'on eût jugé infailliblement, que la dialectique du philosophe de Genève ne pouvoit soutenir la balance avec celle du jurisconsulte de la même ville, et j'en conclus que le Contrat Social n'auroit pas séduit tant de personnes, d'ailleurs fort estimables, mais qui se trouvérent pour ainsi dire au dépourvu, et sans défense, sur-tout, quand la force se présenta devant elles, ce livre dans une main et deux ou trois termes généraux, indéfinis. dans l'autre.

Ceci ne semblera peut-être pas exact à tout le monde, on pourra dire qu'en France, les ouvrages dont je parle ont été réfutés et même très-solidement; mais quand cela seroit, la vérité de mon observation n'en subsisteroit pas moins dans toute sa force. Effectivement, il ne suffit pas de faire des réfutations pour des érudits, ou une certaine classe de la société, si l'on veut préserver la jeunesse de l'erreur, lui donner des notions nettes et claires, l'on n'y parviendra point par des dissertations savantes (elle n'en lit point de cette espéce); on n'obtiendra jamais ce résultat que par des explications et des discussions méthodiques, en prenant les choses dans leur racine, et suivant ainsi la chaîne de proposition en proposition jusqu'à la derniére. Il est une régle trop méconnue et dont on ne peut assez se pénétrer.... Les différentes parties de la science sociale ne peuvent être traitées isolément, toutes ces parties sont essentiellement inhérentes les unes aux autres, elles sont autant de correlatifs nécessaires, et forment un tout indivisible. Voilà le seul moyen d'aller à la source des choses, d'ôter aux élémens leur aridité naturelle, et ce moyen, comme chacun le sait, a toujours réussi dans les autres sciences que les hommes ont voulu sincérement perfectionner, et auxquelles ils ont mis un véritable intérêt.

Il n'est ici aucun milieu, aucun biais: il y a un droit naturel, ou il n'y en a point; au premier cas, il est la première des sciences, la base de tout l'édifice, l'objet principal de l'éducation, et par conséquent l'on doit soumettre à un examen public et suivi, tout ce que l'esprit humain produira de relatif à cet objet.

Puisque par l'effet irrésistible de la perfectibilité humaine, les lumières et les passions réunies font tous les jours des progrès nouveaux, il est palpable, que jamais l'éducation ne sera ce qu'elle doit être, si elle ne se fait en raison de ces mêmes progrès, si elle ne les suit pas à pas, et ne montre également et les vérités et les erreurs des productions nouvelles. L'expérience la plus constante nous a appris, que les propositions générales sont toujours de leur nature peu senties, peu connues : il faut donc, aussi-tôt qu'elles paroissent, en développer les conséquences, non seulement immédiates, mais les plus éloignées ; il faut justifier la vérité ou la fausseté des théories, par le bien ou le mal qu'elles donneront dans la pratique, en un mot, c'est un devoir de la souveraineté de cultiver toutes les branches de la science sociale, avec autant de zèle et d'application qu'elle exerce ses troupes en tems de paix, pour les tenir prêtes au jour de la guerre.

Dans tous les tems l'on a attaqué les principes les plus certains, dans tous les tems on les attaquera, et cette espèce de guerre n'est pas la moins à craindre, c'est elle qui toujours amène l'autre, c'est elle qui mine les fondemens les plus solides, et prépare de loin la chûte des empires.

Ces observations ne seront ni étrangères, ni exagérées pour les hommes qui admettent des principes, et veulent

lent bien réfléchir sur l'insouciance extrême que l'on met généralement à les connoître, (et sans doute ils y ajouteront) mais où aboutissent-elles? Quels résultats devons-nous en tirer?

Ces résultats sont si clairs, si palpables, que je pourrois me dispenser de les indiquer, chacun ne les touche-t-il pas au doigt et à l'œil?... Dès que sans l'application du droit naturel, il ne peut exister ni solide institution, ni bonne loi; cette science doit être cultivée dans tous les tems, chez tous les peuples; mais cette culture est devenue un objet de nécessité urgente pour celui qui au sortir d'une révolution, est forcé de se reconstituer, et veut reprendre le rang qu'il occupoit dans l'ordre de la civilisation.

Ces conséquences sont évidentes. Il suffit pour s'en convaincre, de ne pas être indifférent sur-tout, et de ne point voir les choses à travers l'illusion; en effet, la tourmente et la tempête sont passées, mais l'équilibre n'est point rétabli: loin de là, nos institutions ont des principes divergens. L'éducation privée n'est point d'accord avec l'éducation publique; le jeune homme qui entre dans le monde, poussé dans des sens contraires, ne sait à quoi se résoudre, et quel chemin prendre.

Si telle est notre position, il faut sans doute employer tous les moyens capables de la corriger; or le premier de tous, c'est de fixer l'oscillation de l'esprit public, et c'est à quoi l'on parviendra, si on soumet à une discussion sévère, toutes les opinions, indistinctement; si on les confère avec le type immuable des choses, ce type qui est indépendant de nous, que tous nos préjugés, tous nos efforts ne peuvent détruire ni empêcher.

Convaincu que cette discussion seroit nécessaire un jour ou l'autre, c'est à-dire à celui où l'on sentiroit le besoin de sortir de l'état révolutionnaire, j'en préparai, il y a quelques années, les matériaux, et ce cannevas fut pour moi une occupation dans la retraite où le despotisme de ce tems-là me força à chercher un asyle.

On ne parloit alors que de bonne cause, chacun des partis prétendoit la défendre, je crus que le seul juge d'un si grand procès étoit le droit naturel : je résolus donc de le consulter et de mettre ses réponses par écrit. Je ne sais si je me suis abusé, et si mes recherches ont répondu pour quelque chose à mes vues, mais une chose certaine, c'est que le tems pour lequel je les ai faites, est venu.

Aujourd'hui le gouvernement s'occupe de l'existence morale du peuple Français, comme il l'a été de sa puissance, il se montre persuadé que la seconde sans la première ne peut avoir de solide appui, ni de vraie garantie, ainsi l'on peut sous de tels auspices se présenter avec confiance.

Ce qui ne permet à cet égard aucun doute, après le rétablissement solemnel d'une religion professée par tous les peuples *civilisés* (et hors de laquelle nous n'accordons ce titre à aucun d'eux), ce sont les dissertations aussi libres que savantes faites au sujet du nouveau Code civil : ce sont ces ouvrages célèbres, enfants du génie exilé, et qui n'ont attendu pour se présenter à leur patrie que le retour aux grandes idées, aux grands principes. Je ne comparerai point mon écrit à ces productions diverses, je dirai seulement que j'ai eu les mêmes intentions que leurs auteurs, mais le but particulier que je me suis proposé, a été l'instruction des jeunes gens destinés aux fonctions publiques.

Intimement pénétré, que la civilisation d'un peuple est l'effet nécessaire de son éducation, j'ai conçu en faveur de cette classe précieuse, qui influera bientôt sur les destinées de l'empire, le plan d'un livre où seroient exposés avec méthode *les élémens du droit naturel appliqués á l'ordre social*, et dans lequel se trouveroient les développemens, que je crois nécessaires à celui de Burlamacqui. En conséquence, pour faciliter non-seulement aux élèves leur travail, mais pour les obliger à raisonner par eux-mêmes, et à chercher la vérité dans les choses, j'ai adopté la forme jugée la plus convenable au genre didactique, je veux dire celle des conférences, ou de ces entretiens, qui, animés par la contradiction, par les objections et les réponses, ont la vertu de mieux faire ressortir le vrai, ou le faux des propositions discutées.

Je le répète, ce plan m'a semblé offrir des vues d'intérêt général, mais je ne le dissimulerai pas, j'en ai trouvé l'exécution plus difficile que je ne m'y étois attendu... Réduire à ses principes un sujet inépuisable (et où l'esprit humain trouve de nouveaux rapports à chaque fois qu'il le médite, (bien qu'il ait déjà été traité par les hommes les plus pénétrans, les plus laborieux), rendre sensibles des choses abstraites, comme le sont tous les élémens; diviser, sous diviser ce qui est un, unir ce qui paroît séparé, détruire des impressions consacrées par ce qu'il y a de plus respectable, lier la dernière conséquence avec le premier principe, de manière, que chaque chapitre soit un développement du tout, et que la conclusion définitive puisse devenir le commencement, et ramener au même but; voilà ce que doit être un livre élémentaire, et c'est l'idée que je m'en suis faite; aussi la considération de ces difficultés, et de mon insuffisance, m'auroit empêché de produire les résultats de mon travail, si des personnes très-avantageusement connues par des ouvrages où règne une dialectique lumineuse, et qui ont bien voulu être mes censeurs, ne m'y eussent encouragé.

Un tel encouragement, je l'avoue, m'a paru être d'un augure favorable, il m'a donné à espérer qu'un essai fait au milieu de la guerre et de la révolution réunies, (sur des matières qui de leur nature veulent un tems et un esprit calmes) ne seroit pas vu sans indulgence ; qu'il trouveroit cette disposition, chez ceux, qui en général desirent une éducation publique analogue à nos besoins particuliers, et aux progrès actuels de l'esprit humain ; chez les pères de famille, qui ont à cœur la perfection morale de leurs enfans ; chez celui-là, sur-tout, qui est le chef de la grande famille, et veille avec une sollicitude speciale sur la jeunesse destinée à le seconder dans ses travaux.

Tels sont mes sentimens, mais si l'on reçoit mon hommage, je dois y joindre deux observations, qui en sont inséparables ; la première, qu'il ne faut pas chercher dans mon écrit, les agrémens du style : les chemins où il faut nécessairement gravir pour aller à la découverte de la vérité, sont par eux-mêmes durs, pénibles, escarpés, et dans tous les cas je n'aurois point le talent de les adoucir, ou d'en faire des sentiers fleuris. Ceux qui cherchent sincèrement cette vérité, sauront qu'elle seule les récompensera de leurs peines, et les dédommagera des fatigues qu'y aura ajoutées, celui qui se sera proposé pour être leur guide.

La seconde c'est, que l'étude de l'homme approfondie, peut seule faire connoître le droit naturel, que celui-ci est le résultat nécessaire de celle-là : qu'immuable comme la nature, il est de tous les tems, de tous les peuples, de tous les lieux, qu'il ne compose ni avec les hommes, ni avec les calculs du moment, ni avec les circonstances.

PRINCIPES

PRINCIPES DU DROIT NATUREL, APPLIQUÉS A L'ORDRE SOCIAL.

LIVRE PREMIER.

CONFÉRENCE PREMIERE,

Sur l'Homme considéré en général.

Qu'est-ce que l'homme?

L'homme est au-dessus de la définition, il réunit dans sa personne tant d'attributs différens, et chacun de ces attributs lui donne un caractère si distinctif, qu'il est impossible de les réunir tous pour les exprimer par un seul et même texte.

Pour rendre ceci sensible, je prends la définition la plus accréditée de l'école.....

L'homme est un animal raisonnable. Hé bien, il s'en faut de beaucoup que cette définition présente à l'esprit les traits qui distinguent davantage l'homme de tous les animaux, ou qu'elle fasse ressortir la plus grande différence qui existe entre le genre animal et l'espèce humaine.

En effet, 1°. la raison distingue d'une manière très-éminente, sans doute, l'être qui en est pourvu, de tous ceux qui en sont privés ; mais la liberté, dont la même définition ne parle pas, lui donne sur ces derniers, un rang beaucoup plus élevé. Par la liberté, l'homme est un être moral, et la moralité est infiniment plus que la raison, considérée toute seule ; celle-la lui donne une dignité bien supérieure à celle qu'il reçoit de celle-ci.

2°. L'homme n'est pas seulement séparé des autres créatures par la raison et la moralité; il ne l'est pas d'une manière moins transcendante, par la passion singulière qui l'entraîne et le fait sans cesse passer d'un objet à l'autre, sans qu'aucun d'eux ait la vertu de le fixer.

Il est donc bien certain, que l'homme est séparé des autres créatures par plusieurs propriétés, dont chacune est également essentielle et fait caractère distinctif, savoir:

1°. Par sa faculté de raisonner.

2°. Par sa moralité.

3°. Par son insatiabilité morale ; et il est palpable que ces propriétés ne peuvent être toutes comprises dans cette courte mesure, que l'on a appellé définition.

Ainsi, sans chercher à définir ce qui n'est pas susceptible de définition, nous dirons : l'homme est composé de deux substances.

La première, est un corps de la même nature, mais d'une forme plus belle, plus élégante, plus noble que celle des animaux les plus distingués.

Cum spectent animalia cætera terram,
Os homini sublime dedit, cœlumque tueri
Jussit, et erectos ad sydera tollere vultus.

La seconde ne tombe pas sous nos sens, et par conséquent sa nature nous est inconnue ; mais ses effets constans et invariables diffèrent essentiellement de ceux de la matière. C'est sous ce dernier aspect seulement que nous considérons l'homme dans cet ouvrage.

1°. Cette seconde substance est dominée par une passion qui agit en tout tems, cette passion est unique et universelle. 2°. Elle est douée de plusieurs propriétés secondaires, dont les unes sont passives et les autres actives, c'est-à-dire, d'*affections* et de *facultés*.

La passion dominante est une nécessité par laquelle l'homme, dans tous les instans de son existence, est entraîné non seulement à rechercher son bonheur, mais encore à l'augmenter, sans jamais pouvoir s'arrêter ou se fixer aux objets qu'il a choisis pour l'obtenir.

3°. Cette passion est *unique*, parce que la chose qui occupe l'homme exclusivement, c'est son bonheur.

4°. Elle est *universelle*, parce qu'elle embrasse toute l'espèce, et affecte sans nulle exception tous les individus.

5°. Les affections de l'ame sont la sensibilité et l'impressibilité.

6°. Ses facultés sont, la raison, la mémoire, l'imagination, la liberté et la conscience. Tous les attributs compris sous les expressions diverses que nous venons d'employer, sont entiérement subordonnés à la passion unique et universelle dont il a été parlé en premier ordre, et ne sont que ses ministres, leur seule destination est de la servir. C'est pourquoi j'ai dit qu'elles lui étoient secondaires ou subordonnées; tout ce qui est dans l'homme ne lui a été donné que pour aider, favoriser, diriger et appliquer aux cas particuliers, cette loi de la nature qui l'oblige non seulement de faire lui-même son bonheur, mais encore de l'augmenter sans cesse.

7°. Quoique ces affections et facultés soient fondues et combinées dans le même principe, et influent réciproquement les unes sur les autres, elles sont néanmoins réellement distinguées par leurs effets ; aussi l'expérience, comme on vient de le voir, a fait donner à ces mêmes effets, des noms et des signes différens.

8° Chacune d'elles, inégale dans les individus, y est susceptible de culture, de perfection, de modification et de dépravation ; de-là cette variété qui existe entr'eux ; de-là cette distinction qui a été faite entre les qualités de l'esprit et celles du cœur, dont l'un dans le même homme peut être excellent et l'autre très-mauvais ; de-là les idées vraies et les idées fausses ; de-là ces gradations sans mesure, d'ignorance, de science, de bonté, de malice ; de-là, les vertus, les vices, les foiblesses, le bien et le mal, etc.

Tel est l'essai que je présente sur l'homme

considéré en général, mais je vais examiner en particulier, dans les conférences suivantes, chacun des attributs qui constituent sa nature.

CONFÉRENCE II.

De la passion dominante de l'homme, ou de son insatiabilité morale et de sa perfectibilité.

Nous avons dit que l'homme étoit entraîné par un sentiment unique, dont toutes ses facultés ne sont proprement que les ministres, c'est-à-dire, par la nécessité toujours renaissante de faire son bonheur et de l'augmenter. Il n'est pas de vérité dont la connoissance soit plus importante : 1°. elle nous est démontrée tout-à-la-fois, et par le sentiment intime et par la réflexion. L'individu le plus borné sent que son cœur est agité par des desirs qui s'y succèdent rapidement les uns aux autres ; que leur accomplissement ne le satisfait point, qu'il abandonne aujourd'hui ce qu'il poursuivoit hier avec le plus d'ardeur, et, s'il réfléchit un instant sur les opérations de son esprit, il avouera qu'il déchire le lendemain ce qui la veille lui plaisoit, et que toujours il ajoute aux ouvrages dont il a été le plus content.

2°. Cet attribut appartient exclusivement à l'homme, et cette exclusion est telle que la meilleure définition que l'on pourroit en faire, seroit celle-ci..... *L'homme est un animal qui desire toujours et ne se fixe à rien.*

Il n'en est aucune, selon moi, qui le distingue mieux des autres espèces. C'est sous ce point de vue seul qu'il a été saisi par le premier auteur qui a écrit ses méditations sur la nature humaine, en disant : *Fugit velut umbra, et nunquam, in eodem statu permanet.* Job, cap. 14. (*).

Il n'est pas possible de peindre avec plus de justesse l'état habituel de son cœur : en effet, observez-le depuis sa naissance jusqu'à sa fin, fait-il autre chose que s'agiter et se tourmenter, quitter ce qu'il a pour courir après ce qu'il n'a pas, enfin ne le voyez-vous pas terminer son existence sans avoir atteint le but vers lequel il a couru

(*) Horace avoit la même idée sur la nature humaine, quand il demandoit......

Qui fit Mecenas ? ut nemo quam sibi sortem
Seu ratio dederit, seu sors objecerit illa
Contentus vivat laudet diversa sequentes, etc.

toute sa vie, et qui a toujours semblé fuir devant lui.

De toutes les créatures qui sont sur la terre, aucune n'éprouve cette instabilité, et sous ce rapport, il n'est aucune gradation, aucun milieu entre l'homme et le dernier des insectes ; l'animal le plus fin, le plus adroit, n'est pas plus perfectible que le plus stupide ; le dernier, sous cet aspect, est tout autant que le premier ; les uns comme les autres ont reçu toute la somme de leur perfection, ils ne sont pas plus aujourd'hui que ce qu'ils étoient à l'instant de la création.

L'homme seul a fait des progrès, et ces progrès sont d'une nature si prodigieuse, que l'un appelle toujours l'autre, qu'une conséquence engendre une multitude de principes, sans que nous puissions fixer les limites de cette fécondité.

Il n'est donc pas de vérité plus constante que celle-ci..... *Le cœur de l'homme est insatiable, et son esprit est perfectible sans terme ;* mais il ne suffit pas de démontrer une vérité primitive, il importe d'en développer les conséquences ; c'est l'ensemble de celles-ci qui forme la science du droit naturel.

Si une fois nous reconnoissons que l'homme

est insatiable et perfectible, nous avons une mine d'une richesse au-dessus de toute mesure, au-dessus de tout calcul.

Les corps ne se perfectionnant pas, ou du moins n'arrivant jamais qu'à un certain point de développement toujours fixe, invariable, et décroissant par degrés jusqu'à leur entière dissolution, il est palpable que la vertu dont nous traitons ici ne peut s'entendre de la matière.

Aucune des parties de la nature physique ne se perfectionne; les fleurs du printems ne sont pas plus belles aujourd'hui, ni les fruits de l'automne meilleurs qu'ils ne l'ont été autrefois.

Les hommes ne sont pas plus forts, ni les femmes plus belles qu'ils ne l'étoient dans les premiers tems; au contraire, tout annonce que la nature entière a dégénéré; plus les peuples se civilisent, plus les individus s'affoiblissent; donc la perfectibilité qui distingue l'homme, s'applique nécessairement à une substance différente de celle qui tombe sous nos sens.

Si l'on admet cette vérité comme fondamentale, les plus grandes difficultés me paroissent s'applanir, on a trouvé la clef du systême moral. En effet, si on avoue que l'homme se perfectionne sans cesse, on acquiert de nouvelles preuves en faveur de la spiritualité de l'ame et de la liberté.

1°. Dès que l'homme est perfectible, il est spirituel de sa nature; ce qui se perfectionne de soi-même, est nécessairement actif par essence, et ce qui est actif par essence n'est point matière.

2°. Ce qui se perfectionne est aussi essentiellement libre; car ce qui ne seroit pas libre, seroit mis en mouvement par un agent extérieur : or, ce qui seroit mu par une force étrangère, n'auroit ni idée, ni volonté de changement, n'éprouveroit ni mécontentement de son état, ni desir d'en sortir; donc la perfectibilité renferme la liberté et la spiritualité; ces idées sont des correlatifs inséparables.

3°. On peut avec le même principe rendre raison des défauts, des inégalités qui se trouvent non seulement entre les individus, mais encore entre les nations, tout cela est le résultat de la perfectibilité. Ce qui est perfectible a nécessairement des défauts, des inégalités : des créatures qui auroient leur point de perfection, seroient égales entr'elles, comme nous le voyons des animaux de la même espèce.

4°. La preuve d'une autre vie se trouve aussi dans la perfectibilité. Il est évident que pour une créature ainsi constituée, tout ne se borne pas à l'état présent, qu'il y aura une mutation, qu'un être qui travaille toujours à sa perfection et n'est jamais content, se trouve dans une situation de souffrance contre sa nature, et par conséquent qu'il est destiné à une autre existence.

Oui, la perfectibilité est un principe d'une fécondité inépuisable, et les conséquences suivantes vont naturellement se joindre à celles que nous venons d'exposer..... Dans une espèce perfectible, il y aura des gradations de talent, de mérite, de bonheur, etc.... Les individus d'une telle espèce ne seront pas étrangers les uns aux autres, loin de-là, ils seront dans une dépendance réciproque; le plus foible aura besoin du plus fort, celui-ci donnera secours et protection à celui-là ... Ce qui est perfectible n'étant pas sujet à la loi de destruction, qui dévore le reste de la nature, il y aura un autre monde.... Les plus imparfaits seront dans un état d'erreur, de dispute, de travail, de vérités non encore démontrées..... Les plus parfaits seront dans un règne de certitude, de lumière, d'harmonie..... Enfin des êtres perfectibles formeront entr'eux une chaine morale, au moyen de laquelle celui qui se trouvera au dernier anneau, pourra néanmoins communiquer avec celui qui est au premier, et s'élever ainsi graduellement jusqu'à l'être qui est la source et le complément de toute perfection.

J'ai dit que les individus les plus simples et les plus ignorans pouvoient reconnoître, avec tant soit peu de réflexion, la perfectibilité, l'insatiabilité de leur nature; mais les hommes qui rendent un hommage éclatant à cette grande vérité, sont ceux qui ont cultivé leurs facultés morales. Ils avouent avec une franche et admirable modestie qu'on peut s'élever beaucoup plus haut que là où ils sont allés, aussi la preuve de cette virtualité se trouve dans son exercice même. Il n'est pas un homme vertueux qui en considérant ce qu'il a fait, ne trouve qu'il peut encore faire mieux, et ne regarde comme rien tout ce qu'il a fait précédemment. Ceux qui ont le plus cultivé leur esprit, dont le génie s'est élevé à la connoissance du vrai, du beau, du sublime, ont tous professé la maxime de la perfectibilité ; ils ont découvert une toute autre région que celle qu'ils ont parcourue pendant de longues années, et ont senti qu'ils s'y avanceroient, si la briéveté de la vie et la foiblesse toujours croissante du corps n'y faisoient obstacle.

Selon les plus grands maîtres, il n'existe pas de chef-d'œuvre absolu, aucun qui ne soit susceptible de perfection, ou n'ait quelque tache, imperceptible, si l'on veut, aux yeux non exercés, mais qui n'échappent pas aux adeptes de la nature. Quand Xeuxis veut peindre son Hélène, c'est-à-dire, la beauté, il ne trouve pas de modèle parfait, il choisit dans les cinq plus belles femmes ce que chacune d'elles a de plus beau.

L'auteur d'une de nos plus charmantes productions n'est pas content des applaudissemens de la cour d'Auguste, ni du titre de prince des poëtes ; il apperçoit dans son ouvrage des défauts : le chagrin de ne pouvoir plus les corriger s'empare de lui, et Virgile qui a fait des progrès si éminens dans le beau et le sublime, condamne l'Enéide à être la proie des flammes.

Tel est le propre du génie et de la vertu. Mais du principe de notre insatiabilité et de notre perfectibilité morales, quelle conséquence dois-je tirer pour l'objet que je me propose? En est-il d'autre que celle-ci?... *Ce qui peut perfectionner l'homme, est seul dans le sens de sa nature:* cette règle est donc la première du droit naturel.

CONFÉRENCE III.

De la Sensilibité.

SOUS ce nom, je n'entends pas cette disposition de nos sens à recevoir les impressions des objets extérieurs, laquelle est commune à tous les animaux ; je veux parler de cette vertu de notre ame, par laquelle nous éprouvons sans cesse le besoin de rechercher les autres hommes, et de nous communiquer à eux ; par laquelle nous ressentons, même sans le vouloir, les affections de ceux qui nous approchent.

Ce sentiment n'est point dans les animaux: ceux-ci après avoir obéi à l'impulsion régulière et momentanée, déterminée par la nature, se quittent, se séparent, vivent isolés, et ne se connoissent plus.

Il n'en est pas ainsi de l'homme, la solitude est pour lui une situation violente et contre nature ; il y est triste et mécontent, lors même qu'il se trouve dans les richesses et les délices. Cette abondance dont il sent toute l'inutilité pour sa personne, ne fait que

que réveiller en lui le besoin naturel de la partager, et irriter l'impuissance où il se trouve à cet égard quand il est seul.

Si la solitude est pour l'homme un état violent, lors même qu'il y jouit de tous les dons de la nature, c'est bien pis, quand il y est malheureux. Son malheur augmente et devient insupportable par l'isolement; mais peut-il parler de ses peines et se faire entendre d'un autre homme, ses maux sont suspendus, adoucis, le voilà déjà par cela seul, consolé, soulagé. Quelle n'est pas sa joie, lorsqu'en pleine mer, ou dans une isle déserte, il rencontre son semblable? Quel n'est pas son transport, quand il reconnoît en lui quelque chose de commun dans les vêtemens et les manières!

Dans les grandes villes, les hommes se voient avec indifférence, parce que ces rassemblemens portés sur un même point, excèdent les proportions établies par la nature; leurs intérêts dans cette situation se trouvent dans une collision perpétuelle, ils ne peuvent que s'y heurter et se gêner; mais que loin de leur continent, deux européens se rencontrent, ils se reconnoissent au premier abord, ils se recherchent après la première entrevue, ils sont bientôt amis.

Plus on est resté dans l'état de nature, plus on a de sensibilité; ceux qui vivent en famille, en ont davantage que les célibataires. Plus notre position se rapproche de celle des autres, plus ce sentiment se perfectionne; les personnes qui ont eu des revers sont plus sensibles que celles qui n'en ont jamais éprouvé.

Haud ignara mali, miseris succurrere disco. (*)

Nous disons que l'homme est un être sensible de sa nature; qu'il ne peut exister sans ses semblables; mais les passions cruelles qui agitent les individus de la même famille, de la même société; les guerres affreuses et continuelles qui, sans aucun motif, ont lieu entre les peuples différens; enfin, les maux sans terme et sans mesure engendrés par l'état

---

(*) Nous n'aimons, nous ne voulons autour de nous que des êtres sensibles; nous recherchons cette sensibilité jusques dans les choses inanimées qui servent à nos besoins, nous les animons autant qu'il nous est possible, nous allons jusqu'à les interroger, et nous voulons qu'elles nous répondent.

Les écrits, les discours qui nous attachent, les ouvrages que nous admirons le plus, et que nous voyons toujours avec un plaisir nouveau, sont ceux où la sensibilité se trouve le mieux exprimée.

social, ne sont-ils pas une preuve évidente que cette sensibilité prétendue n'est qu'une vaine théorie ou plutôt une véritable chimère?

Non, c'est précisément le contraire; les passions et les guerres qui désolent l'humanité sont les meilleures preuves qu'on puisse donner de la sensibilité, puisque ces passions et ces guerres mettent toujours l'homme dans un état violent et contre nature. Ce qui établit cette vérité, c'est la manière avec laquelle se conduisent les hommes les plus grossiers, les plus incultes; avant de se livrer à aucun acte de violence, ils commencent par se plaindre de ce qui leur a été fait, et en demander la réparation. Celui qui agit autrement hors le cas d'une défense nécessaire, est considéré par-tout comme un brigand.

Il en est de même de tout peuple qui fait la guerre. Avant de l'entreprendre, il juge qu'il est offensé grièvement dans ses plus chers intérêts; que les offenseurs sont injustes envers lui; il leur déclare qu'il n'emploie la force qu'à la dernière extrémité, qu'il y est réduit par la nécessité de sa propre conservation, et au moment qu'il sonne la charge, il s'impose la loi de ne faire que le moindre mal possible, ne demandant jamais selon lui que soumission à justice, et non la destruction.

Voilà comme font la guerre les nations où ne sont pas méconnus les premiers élémens du droit naturel, ces élémens qui ont été gravés dans le cœur de tous les hommes.

Ainsi, guerre et destruction sont des choses contre nature. Chez ces nations, on ne parle point du soldat qui tue, qui pille, qui ravage, etc. Un sentiment invincible dit toujours que ces actions sont mauvaises en elles-mêmes, quoique permises ou nécessitées par les loix de la guerre; mais on ne peut donner assez d'éloges et de récompenses à celui qui fait un prisonnier et l'amène sain et sauf.

C'est par suite de ces maximes que le vainqueur ajoute à sa renommée, quand il pardonne au vaincu, lorsqu'il l'honore et le console.

La conduite d'Alexandre envers Darius a été plus admirée qu'aucun de ses exploits. La clémence de César est ce qui mit le comble à sa gloire; si ses victoires le mirent au rang des premiers capitaines, sa clémence en fit le modèle.

Cependant que faisons-nous, quand nous exaltons ces traits que nous avons appellés le plus haut dégré de l'héroïsme et de la grandeur d'ame ? Assurément nous ne faisons autre chose, que célébrer les effets de notre sensibilité. Par cette vertu, la nature a attaché l'homme à l'homme, et lié son sort à celui de ses semblables; par elle, il est malheureux du malheur d'autrui; par elle, il gémit sur le coupable, et sollicite sa grâce qu'il est heureux d'obtenir; par elle enfin, il ne voit périr, qu'en frémissant, celui-là même qui a attenté à ses jours, et qu'il a jugé digne du dernier supplice.

Cette vertu est donc le principe de toute sociabilité, de toute civilisation, le germe du beau, du sublime moral; en un mot, de tout ce qui fait le grand homme.

Des auteurs célèbres ont admis pour principe, qu'il y avoit une différence entre la nature et la société; mais ce principe faux est la source d'une infinité d'erreurs. L'homme est sensible, et par conséquent social par essence. La société n'est autre chose que la nature elle-même perfectionnée. Les institutions des hommes sont dans la nature morale ce qu'est un terrein cultivé dans la nature physique.

CONFÉRENCE IV.

De l'Impressibilité.

QU'EST-CE que l'impressibilité ?

J'entends par ce mot la facilité qu'a l'homme de recevoir une *certaine modification morale* plutôt qu'une autre.

Cette facilité n'est point dans les animaux, la forme de ceux-ci a été invariablement fixée par la nature, ils ne sont point susceptibles d'une modification réelle.

Il en est bien autrement de l'homme; l'éducation lui est nécessaire, sans celle-ci, il n'est qu'un être monstrueux au-dessous de la brute (*).

(*) Sans l'éducation, on ne peut dire ce que c'est que l'homme.

1°. Le très-petit nombre des sauvages trouvés dans les forêts (l'on en compte, je crois, quatre à cinq), prouve que cette situation n'est pas dans la nature.

2°. L'état affreux et déplorable où on les a trouvés, montre que l'individu de l'espèce humaine, abandonné aux élémens, n'est qu'une créature dégénérée, monstrueuse, d'une forme impossible à définir, les uns marchoient à quatre pieds, les au-

Mais d'un autre côté, cette éducation peut lui donner les formes les plus variées, dont l'effet sera une manière d'être entiérement différente de celle de ses semblables.

Observons deux enfans nés au même instant et sous le même toît : après quelques années, ils ne se ressemblent plus, l'éducation leur a donné des idées, des maximes non seulement diverses, mais souvent opposées entr'elles, et si nous n'envisageons ces deux individus que sous le rapport moral, il nous paroît qu'ils n'appartiennent plus à la même espèce.

On ne peut assez méditer sur cet attribut qui est exclusif à la nature humaine : il semble au premier apperçu, contradictoire avec l'essence d'un être sensible, dont nous avons dit que la société étoit l'élément; mais

---

tres ne vivoient que du sang des bêtes, etc. leur existence est un prodige qu'on ne peut expliquer.

3°. Les hommes qui ont été ainsi jettés hors de la société de leurs semblables, sont les seuls qu'on puisse appeller sauvages; tous ceux qui vivent réunis et auxquels on a donné ce nom, ne sont pas vraiment sauvages, ce sont déjà des peuples civilisés, mais dont la civilisation porte sur des bases fausses.

si l'on remonte aux causes premières, on trouvera qu'il est une suite nécessaire de sa constitution. L'homme naît au physique dans un état de foiblesse que nulle expression ne peut rendre ; cette foiblesse a une si longue durée, ses facultés morales se développent si lentement, il réfléchit et agit si tard par lui-même, que son ame est une cire molle entre les mains de ceux qui sont chargés de la former, et que des impressions souvent répétées doivent nécessairement y être ineffaçables.

Mais ce n'est pas tout, si les impressions reçues en famille ne s'effacent plus, que ne feront pas les institutions civiles mises en activité par tous les moyens qu'emploient le pouvoir et la politique.

Ce sont celles-ci qui dans la même contrée ont fait les Spartiates et les Athéniens, les Scythes ou les Perses, les Romains du Capitole ou ceux du Vatican (*) ; ce sont

(*) Il suffit de comparer les grecs et les romains modernes avec les anciens, pour être convaincu que le climat influe très-peu sur le moral de l'homme, et qu'il est principalement l'ouvrage de l'éducation ; mais à part les faits, il suffiroit pour être assuré de cette vérité, de réfléchir sur le sens de ces mots.....

elles qui ont produit ces préjugés nationaux, souvent repoussés par la raison et le bon-sens; en un mot, c'est à ces institutions que l'on doit rapporter ces variétés, ces nuances sans nombre dont sont composés les caractères des peuples.

Ainsi, les *modifications ou manières d'être morales* des hommes, ne sont pas les effets immédiats de la nature humaine, mais de l'extrême impressibilité de cette nature, c'est-à-dire de la forme et de la direction qui lui ont été données par l'éducation.

C'est-là un principe dont vous connoîtrez toute l'importance dans la suite de cet ouvrage, et dont vous devez dès à présent tirer

---

moral, ou manière de morale; sous ces expressions, j'entends tels ou tels principes, telles ou telles maximes : or, il me paroît bien évident que le chaud, le froid, les alimens, etc. n'ont avec ces choses-là aucun rapport.

Je n'entends pas non plus par *modification morale*, telle ou telle inclination; principes et inclinations sont sans doute aussi des objets bien différens les uns des autres; l'on ne peut mettre dans ces notions élémentaires trop d'exactitude et de précision.

les conséquences suivantes, lesquelles en sont les corollaires et deviennent règles de droit naturel.

La très-grande majorité du genre humain se conduit par les effets de l'impressibilité, c'est-à-dire, par les idées qui lui auront été données dans son enfance et sa jeunesse.

..... Ces impressions ayant la force de perfectionner ou de dépraver la nature, elles sont la pierre angulaire de l'édifice social, la grande affaire qui doit occuper les chefs de famille et les magistrats.

Dans la nécessité où sont les chefs de donner de l'éducation, ils doivent en rejetter les élémens qui peuvent corrompre ou forcer la nature, éviter également les excès du sybarisme et de la férocité.

..... Plus les principes d'éducation seront divergents, plus les hommes seront disposés à devenir ennemis les uns des autres; plus on les séparera par des maximes religieuses ou politiques, plus on les fera reculer vers l'état de barbarie.

..... Entre plusieurs institutions, celle qui a pour objet de rendre l'homme meilleur, soit en lui-même, soit à l'égard des autres, est dans l'ordre de sa perfectibilité.

..... Une institution qui unira tous les peuples par un centre commun, et leur donnera les mêmes principes, est évidemment ce qui peut seul civiliser le genre humain, la vraie civilisation ne pouvant être que la plus grande communication possible des peuples entr'eux.

..... Enfin toutes les impressions qui diviseront ou tendront à diviser les sociétés, à les mettre en opposition, sont contraires à la perfectibilité de la nature humaine, et conséquemment à la première règle du droit naturel que nous avons posée ci-dessus.

CONFÉRENCE V.

Sur la Raison.

LA raison est une faculté par laquelle l'homme peut discerner le vrai d'avec le faux, et par conséquent le bien d'avec le mal; le bien n'étant que le vrai, le mal n'étant que le faux mis en action.

Son caractère distinctif est une sévérité que rien ne peut fléchir; elle requiert la plus grande justesse dans les idées, la plus grande exactitude dans les opérations, veut toujours la vérité dans les choses, sans s'occuper de leurs apparences (*).

Elle est le principe de la judiciaire et des sciences exactes; c'est la raison qui fait les bons juges, les philosophes, les calculateurs; elle repousse tout ce qui ne cherche qu'à

(*) « La raison est sage et modérée, elle ne s'accommode d'aucune extravagance, tout ce qu'elle fait ne sort point de la règle; ses discours sont convenables au sujet qu'elle traite, et ses actions ont toute la décence qu'exigent les circonstances ». *Synonymes de l'abbé Girard.*

séduire, ne s'occupe pas seulement du moment présent, mais de l'avenir, des suites, des effets que les actions peuvent avoir; en un mot, c'est une lumière qui précède l'homme, lui montre le chemin qu'il doit constamment tenir pour marcher avec sûreté, ainsi que les écueils qu'il doit éviter.

L'ordre que nous avons cru devoir suivre dans nos conférences, exige que nous nous bornions quant à présent, à ces premières notions sur la raison; mais nous reprendrons ce chapitre important, quand il aura été traité des autres facultés de l'ame.

CONFÉRENCE VI.

Sur la Mémoire.

LA mémoire est une faculté par laquelle l'homme conserve le souvenir des sensations qu'il a éprouvées, des idées qu'il a eues, des actions qu'il a faites dans un temps qui n'est plus.

Cette puissance est une suite nécessaire de notre perfectibilité, ou plutôt sans elle, cette dernière n'existeroit pas. En effet, avec la mémoire nous avons la science du passé, nous pouvons le comparer au présent et prévoir l'avenir, étant la dépositaire ou la gardienne des acquisitions que nous avons faites; c'est elle qui nous donne l'expérience des hommes et des choses, et sans cette expérience, il n'est pas de perfection.

En voilà ce semble assez pour donner une notion exacte de cette faculté, pour montrer quelle est son importance et de quel secours elle est aux autres virtualités qui composent la nature humaine. Aussi une mémoire bien fournie, employée par une raison droite et bien exercée, est ce qui rendra l'homme vraiment supérieur, et le conduira à la découverte de la vérité.

Toutes les parties qui constituent un être moral sont étroitement liées, elles se correspondent et forment un tout indivisible; mais pour avoir une notion exacte et précise de ce même tout, il faut étudier ses parties les unes après les autres, et distinguer les effets qui sont propres à chacune d'elles.

Il se trouvera dans le cours de cet ouvrage, plus d'une occasion de faire cette remarque.

CONFÉRENCE VII.

Sur l'Imagination.

L'IMAGINATION est cette faculté que nous avons de donner des formes aux objets que les idées nous présentent.

Avec cette faculté, nous pouvons modifier, embellir, perfectionner tout ce qui est dans la nature, elle est donc ce que nous avons appellé le génie fécond et bienfaisant, la source de nos plaisirs et de nos jouissances.

Mais si l'imagination est pour l'homme un des grands mobiles de sa perfectibilité, elle peut aussi devenir pour lui un instrument des plus dangereux : effectivement, elle le trompe et le perd toutes les fois que, sortant du cercle qui lui a été tracé, (je veux dire du pouvoir de modifier) elle se permet de *créer ;* alors, comme l'homme travaille sans type, sans modèle pris dans la nature ou dans *ce qui est*, tout ce qu'il fait, tout ce qu'il édifie, n'a de fondement que ce qu'il a imaginé.

Voilà comment se sont formés tant de

systêmes ingénieux, auxquels ont succédé d'autres hypothèses également ingénieuses, mais non mieux fondées, et c'est ce qui arrivera toujours, quand les hommes s'aviseront d'être créateurs.

Il n'a pas été donné à un être perfectible de rien créer; tout ce qui est en son pouvoir, c'est de perfectionner ce qui existe avant lui.

Quand les fictions de l'homme n'ont lieu que sur des accessoires, et ne portent aucune atteinte aux substances des choses, elles n'ont rien de très-funeste, elles peuvent même donner à notre esprit les jouissances les plus agréables comme les plus pures; ainsi, l'imagination peut faire la description d'un âge d'or, faire parler les animaux et les arbres, nous intéresser sur le sort d'un héros fantastique, etc. Ces ouvrages, loin de nous égarer, cherchent à nous instruire, en répandant des fleurs sur la vérité, ou plutôt ils embellissent la nature; mais il en résultera des effets évidemment contraires, si l'imagination ose créer des principes.

Ceux-ci sont fixes et invariables par essence, et si l'homme peut les faire à son gré, ils ne sont plus tels; lui-même n'est plus un être moral, il n'a ni règle ni boussole, il marche au hasard, il va d'erreurs en erreurs. C'est ce que nous allons rendre sensible, par quelques exemples tirés des faux jugemens qu'il porte tous les jours, sur les objets qu'il recherche pour son bonheur.

Exemples des erreurs ou des faux jugemens causés par l'imagination.

Dans l'état actuel de la société, la monnoie est un moyen nécessaire à l'existence, il faut donc de ce signe, sans lequel on ne peut rien, avec lequel on peut faire de si grandes et de si belles choses; mais si l'amour de l'argent absorbe l'individu au point de lui faire oublier tout ce qu'il se doit à lui-même et aux autres, s'il n'en fait pas l'usage indiqué par la nature, son jugement est altéré par l'imagination, qui lui exagère ses besoins, et donne au métal une valeur qu'il n'a pas, évidemment contraire à sa destination.

.... Pour être heureux, nous devons être estimés de nos semblables, et faire tout ce qu'il convient pour mériter cet avantage. Voilà une maxime fondée sur l'évidence de notre intérêt personnel; mais si dans la pratique nous voulons primer sur tous les autres, et si nous sommes tristes et malheureux, de la considération dont ils jouissent, le raisonnement que nous faisons est aussi faux que celui de l'avare dont il vient d'être parlé dans l'exemple précédent.

Ce n'est plus la raison qui nous guide, mais l'imagination qui nous égare, en nous donnant les idées les plus fausses sur l'estime et la réputation, en produisant en nous l'orgueil et l'envie, sentimens qui dépravent et avilissent un être moral; le jugement de l'homme dans cette circonstance est celui-ci. Il faut pour être heureux, que je sois estimé de mes semblables; donc je dois être le premier de tous, et ceux-ci doivent être après moi : la fausseté de la conséquence est palpable.

.....Il est permis à l'homme de repousser une aggression, d'exiger la réparation d'une injure; c'est une conséquence du principe de l'amour de soi : mais si après avoir repoussé l'attaque et s'être mis en sûreté, il va se porter lui-même contre l'agresseur, il outrepasse les bornes de la défense légitime, son action change de caractère et devient à son tour la vengeance. Or, celle-ci est l'effet d'un jugement faux, dicté par l'imagination; cette dernière trompe l'offensé, en lui montrant un danger qui n'existe plus, ou, elle lui fait appercevoir un grand bonheur dans la vengeance, ce qui n'est plus qu'un mouvement d'orgueil fort inutile à sa conservation et manifestement contraire à la perfection d'un être moral.

.... Rien n'est absurde comme le duel : son événement subordonné à la force, à l'adresse, à la situation momentanée de l'individu, au hasard du plus petit incident, etc. est tout en faveur du plus audacieux, du plus immoral; assurément ces vérités sont évidentes, et l'on peut dire d'après elles, que le duel est une mesure plus barbare, que ce qu'on nous raconte des peuples les plus sauvages, lesqu els au moins sont excusables par leur ignorance.

Cependant comment se fait-il qu'un moyen si évidemment contraire à sa propre fin, soit devenu un devoir, une règle de conduite chez les peuples les plus civilisés, les plus instruits de la science sociale?

C'est par les prestiges de l'imagination qui dénature tout, qui exagère tout; par elle, l'homme devient tellement esclave des préjugés les plus révoltans, qu'il leur sacrifie sa raison, sa conscience, sa patrie, tout son être (*).

On pourroit encore rapporter ici beaucoup d'autres exemples, mais ceux qui viennent de l'être me paroissent bien suffisans pour remplir l'objet de cette conférence ; ils justifient qu'il existe dans l'homme un principe d'idées fausses, de jugemens faux, bien différent du génie, et ce principe a été appellé imagination.

Opposeroit-on que l'homme ne juge pas quand il fait le mal, que dans ce cas sa judiciaire est paralysée ; mais ce seroit-là une erreur trop sensible, 1°. on a prouvé que toute mauvaise action ou habitude vicieuse étoit précédée d'un jugement qui l'approuve ; mais au surplus, c'est une vérité pratique sur laquelle on ne peut élever aucun doute.

Assurément l'on ne dira pas que le concussionnaire, l'oppresseur, le calomniateur,

---

(*) Depuis la révolution, cette frénésie a fait les progrès les plus effrayans dans les armées françoises, où elle immole journellement la fleur de la plus belle jeunesse.

etc. agissent sans réflexion, sans jugement: loin de-là, il faut pour toutes ces manœuvres beaucoup plus d'études, de combinaisons et d'imagination que pour le vrai et le bien. Ceux-ci se présentent tout naturellement à ceux qui les cherchent, et il est inutile de rien imaginer pour les trouver.

Mais encore un coup, descendez dans quelques détails, et votre conviction sera complette. Celui qui vend l'innocent pour une vile pièce de monnoie, ne compare-t-il pas froidement ce qu'il livre avec ce qu'il reçoit en échange?

L'usurier qui pressure la substance de l'indigent, ne pèse-t-il pas avec une science profonde et ce qu'il prête et le gage dont il s'empare? donc le traitre et l'usurier délibèrent, jugent et exécutent en parfaite connoissance de cause. Hé bien, il en est de même des autres actions de ce genre, elles se font toutes avec pleine réflexion.

2°. Viendroit-t-on soutenir que nos faux jugemens sont produits par nos passions; mais ce seroit-là une pétition de principe: les passions sont des affections reçues, qui agitent et troublent l'ame, *motus, pertuba-*

tiones animi (*). Donc elles-mêmes sont déjà des effets, et ces effets ont pour cause un sophisme fabriqué par l'imagination.

Celui qui commet une action injuste, prononce, avant de la commettre, un jugement dont il connoît la fausseté, et qui déjà le condamne lui-même.

3°. On peut encore bien moins attribuer les idées fausses, les jugemens faux, à une *raison foible et abusée*. Ce seroit là une autre erreur non moins palpable, l'attribut propre à cette dernière faculté est précisément de discerner le vrai d'avec le faux : or, l'instrument de la vérité ne peut être en même tems celui de l'erreur. Il y auroit confusion dans les élémens (**).

(*) Ce mot latin exprime mieux l'idée *passion* que la version française.

(**) Ce qui vient d'être dit sur la nature et les effets de l'imagination, est conforme à la définition de M. l'Abbé Girard, dans ses *Synonymes François*. Voici comment il s'exprime :

« L'idée représente l'objet, la pensée le considère, » *l'imagination le forme* ; la première peint, la se- » conde examine, la troisième *séduit* ».

S'il est dans l'homme une faculté qui le *séduit*, elle est sans doute un principe d'illusions, et ces illusions causeront nécessairement les plus funestes erreurs, si elles portent sur les principes, si elles trompent l'homme sur ses devoirs. Ce sont aussi les effets de l'imagination que décrit Horace, dans son épître très-philosophique à Numicius :

Nil admirari propè, res est una, Numici,
Solaque, quæ possit facere, et servare beatum,
Hunc solem, et stellas, et decedentia certis
Tempora momentis, sunt qui formidine nullâ
Imbuti spectant. Quid censes munera terræ ?
Quid maris, extremos Arabas ditantis et Indos ?
Ludicra, quid ? plausus et amici dona Quiritis ?
Quo spectanda modo, quo sensu credis et ore ?
Qui timet his adversa, ferè miratur eodem
Quo cupiens pacto. Pavor est utrobique molestus,
Improvisa simul species, exterret utrumque
Gaudeat an doleat, cupiat metuatne; quid ad rem?
Si quidquid vidit meliùs, pejusve suâ spe,
Defixis oculis, animoque et corpore torpet ?
Insani sapiens, nomen ferat æquus iniqui,
Ultrà quam satis est, virtutem si petat ipsam.

N'exagerez jamais rien, dit le poëte philosophe, la sagesse consiste à voir les choses dans leur vrai point de vue, le sage lui-même se trompe, et cesse d'être sage, s'il porte la sagesse au-delà de ses justes bornes.

Combien de gens, d'ailleurs respectables, ont été malheureux par un geste, par un mot, ou même par le silence d'un homme revêtu du pouvoir! (et ce que l'on ne peut assez observer) il est peu de personnes qui n'aient éprouvé de ces impressions du plus au moins. Nous tombons journellement dans ces erreurs, que nous reconnoissons un instant après les avoir commises, quand nous réfléchissons et faisons usage de notre raison.

Tout cela n'est-il pas l'effet d'un principe qui exagère à nos yeux, et le mérite des choses que nous recherchons, et le mal de celles que nous voulons éviter ? Tous nos livres de morale, depuis le Manuel d'Epictète jusqu'à celui de Thomas Akempis, sont des leçons perpétuelles, qui ont pour but de nous mettre en garde contre les prestiges de notre imagination.

CONFÉRENCE VIII.

Sur la Liberté et la Moralité.

La liberté est cette faculté par laquelle l'homme a le pouvoir de se décider en faveur de tel ou tel objet individuellement pris, pour se procurer actuellement le bonheur, vers lequel il est entraîné par la loi de sa nature.

Cette faculté est si excellente, si sublime, que les termes nous manquent pour l'exprimer.

C'est elle qui donne du mouvement à toutes les autres : sans la liberté, toutes les vertus de l'ame sont paralysées, inutiles et pour ainsi dire nulles.

Par elle, l'homme est un être *moral*, et par la moralité, il est entiérement séparé du reste de la nature, et beaucoup plus séparé qu'il ne l'est par la raison toute seule, si toutefois l'on pouvoit supposer que ces deux facultés existassent l'une sans l'autre.

En effet, que seroit la raison sans la liberté? De quoi serviroit-il à l'homme de pouvoir distinguer le vrai d'avec faux, le bien d'avec le mal, s'il n'étoit point le maître de choisir entre l'un et l'autre?

S'il n'avoit point cette faculté, il n'acquerroit ni mérite pour le bien qu'il fait, ni blâme pour le mal qu'il commet ; il ne seroit plus qu'un automate mis en mouvement par un agent extérieur.

Si l'homme n'est point libre, il n'est point perfectible ; il n'y a plus de différence pour lui, entre le bien et le mal, la vertu et le vice ne sont plus que de vains sons. *Caligula* et *Marc-Aurèle* valent autant l'un que l'autre, le monde n'est plus que le produit d'une aveugle fatalité, un horrible chaos.

La liberté est de tous les biens le plus précieux ; sans celui-ci, tous les autres ne sont rien.

Elle est au moral ce que l'air est au physique. Eprouve-t-elle la moindre gêne, tout languit, tout souffre dans l'être qui en est doué. En est-il privé, toutes ses facultés sont suspendues, il est moralement mort, il est nul. Lui est-elle rendue, son ame reprend bientôt toute sa vigueur, toute sa dignité. Quelques hommes ont jetté des doutes sur l'existence de la liberté, et peut-être les ont-ils étayés par des raisonnemens capables d'embarrasser l'esprit pour un instant; mais les difficultés les plus insolubles viennent se briser contre le sentiment intime: or, celui de la liberté est aussi fort que celui de l'existence même, l'un est inséparable de l'autre. On sent qu'on est libre, comme l'on sent qu'on existe.

Il ne se fait pas une seule action, un seul mouvement dans l'homme, qu'il ne sente en lui la possibilité de ne pas les faire, et s'il donne la plus petite attention à ce qui se passe dans son intérieur, il y trouvera ce sentiment, lors même qu'il est pressé par les affections les plus vives, et dans l'instant où il céde à la plus forte passion. Enfin, s'il réfléchit sur son état constant, il y reconnoîtra deux affections bien réelles qui semblent opposées, et néanmoins sont en équilibre.

La première, est une *nécessité* qui l'entraîne vers le bonheur en général; la seconde, est *la liberté* dans le choix des moyens particuliers qui conduisent au même bonheur.

La liberté étant de l'essence de la nature humaine, quelle conséquence devons nous tirer de ce principe en droit naturel?

Nous devons en conclure, 1°. que dans tous les états, dans toutes les situations, l'homme doit jouir de sa liberté ; qu'il ne peut pas plus l'aliéner que ses autres facultés, sans s'avilir et se dégrader, sans renoncer à la plus sublime qualité de son être, sans se placer en opposition directe avec le principe de sa perfectibilité ; qu'il peut bien prêter l'usage de quelques-uns de ses membres, mais non la qualité d'être moral ; enfin, qu'il répugne autant de vendre sa liberté que sa raison, et que ce marché honteux est radicalement nul.

2°. Nous devons en conclure que ses semblables ne peuvent, sans pécher contre nature, le priver de sa liberté, si ce n'est pour abus manifeste de sa part à leur préjudice, que ce crime ressemble à celui par lequel on attenteroit à la raison d'un autre par des breuvages empoisonnés ; en un mot, qu'il est absurde qu'un être moral soit propriétaire de la moralité d'un autre.

— La liberté sociale est-elle une conséquence de la liberté naturelle?

= Oui sans doute, rien ne peut exister dans la société, qu'il ne soit primitivement dans la nature, sauf à modifier ou perfectionner ce qui est susceptible de l'être; ainsi la liberté sociale est une suite de la liberté naturelle.

— La liberté si vantée des peuples anciens, qui, par exemple, a rendu les grecs et les romains si célèbres, ou celle dont jouissent aujourd'hui quelques nations modernes, est-elle vraiment conforme à la liberté de la nature ?

Cette question est peut-être une des plus curieuses et des plus importantes du droit naturel ; on ne parle dans le monde que de la liberté des grecs et des romains, ou de celle dont jouissent plusieurs peuples qui les ont imités. Mais cette liberté est-elle vraiment conforme à la nature, ou lui est-elle contraire ? C'est ce qui doit faire la matière d'une discussion fort intéressante ; car si par le résultat de cette discussion, la liberté de ces peuples n'a pas été conforme à la nature, elle a été fausse, elle a fait à l'humanité plus de mal que de bien ; mais nous examinerons cette question en tems et lieu, lorsque nous traiterons de la liberté en société, ou de la liberté pratique. Quant à présent, nous nous bornerons à poser les principes généraux, et à établir spécialement dans cette conférence, que la liberté est essentielle à la nature humaine.

La science de l'ordre social doit nécessairement être précédée de celle de l'homme.

CONFÉRENCE IX.

Sur la Conscience.

La conscience est dans l'homme un principe actif, qui juge s'il a fait un bon ou un mauvais usage de sa liberté, qui au premier cas lui donne une satisfaction intérieure, et dans le second lui cause une peine secrète.

La raison est une lumière qui distingue le vrai d'avec le faux; la liberté est une faculté qui donne l'option entre l'un et l'autre; la conscience va beaucoup plus loin, elle fait connoître à l'homme le mérite actuel de chacune de ses actions; l'approuve, s'il a choisi le bien; le condamne, s'il a fait choix du mal.

La puissance de cet attribut, le plus sublime de l'humanité, doit être l'objet perpétuel de vos pensées, de vos méditations; celui qui n'étudiera pas sa conscience, et ne sondera point tous les jours ses profondeurs, ne se connoîtra jamais.

1°. La conscience entre nécessairement

dans la constitution d'un être perfectible et moral.

Il est dans l'ordre que celui qui est dans l'obligation de se perfectionner, puisse juger par lui-même s'il a bien ou mal fait en telle ou telle occasion; il est conséquent, il est juste, s'il a commis des fautes, qu'il ait la possibilité de les réparer, et s'il a bien fait, qu'il puisse faire mieux une autre fois en pareille circonstance.

2°. La qualité d'être moral suppose en elle-même la conscience, ces deux idées sont inséparables. Qu'est-ce qu'un être moral? C'est celui qui est susceptible de louange ou de blâme, selon l'usage qu'il fait de sa liberté. Or, un être ainsi constitué doit avoir le moyen de connoître ce qui le rendra digne de cette louange ou de ce blâme.

3°. Puisqu'un être perfectible et moral a nécessairement la faculté de juger par lui-même si ses propres actions sont bonnes ou mauvaises, cette faculté aura naturellement toutes les gradations de la perfectibilité.

Elle sera donc nulle dans les enfans, dans les furieux et les individus en démence; elle sera erronée dans ceux qui auront été formés à des institutions fausses (*), droite dans ceux dont la raison aura été cultivée dans le sens *du droit naturel ;* mais elle n'aura toute son efficacité ou perfection morale, que chez les hommes qui connoîtront *la loi* ou la règle de leurs actions, et pourront comparer celles-ci à celles-là.

4°. Le sentiment que donne la conscience, est une suite nécessaire de l'immortalité de l'ame, et l'immortalité de l'ame est elle-même le principe de la conscience ; en effet, l'homme éprouve du plaisir pour de bonnes actions secrètes que personne sur la terre ne voit et ne peut récompenser : il est troublé

(*) Un Spartiate à qui dans son enfance l'on avoit enseigné que filouter n'étoit pas un crime, pouvoit avoir sur ce genre de délit, une conscience erronée. Il pouvoit ne pas voir de vol dans cette action, mais seulement l'adresse qu'il lui est jointe, et à laquelle il étoit encouragé par l'institution civile de son pays.

Il en est de même d'un barbare imbu de la maxime qu'un étranger abordant dans son isle, y vient avec des intentions hostiles, et qui le tue d'après ce principe. Ce n'est pas un homme qu'il pense tuer, mais son ennemi. Sa conscience est erronnée, puisqu'elle est trompée par des préjugés d'éducation ou des erreurs devenues pour lui son droit public et la règle de ses actions.

par les mauvaises, quoique bien assuré de leur impunité. Ces deux sentimens ont donc pour source, ou l'espoir d'une récompense, ou la crainte d'une punition qui n'auront pas lieu dans cette vie; donc un être qui a une conscience semblable à celle de l'homme, est une créature immortelle; ou si l'on préfère retourner la proposition, une créature immortelle a une conscience semblable à celle de l'homme.

5°. La conscience toute seule, est une démonstration de l'existence de Dieu et de sa providence; il est évident, si l'homme espère pour le bien qu'il a fait, une récompense que personne ne peut lui donner, s'il craint malgré lui pour le mal qu'il a commis, et dont personne ne peut le punir, il est évident, disons-nous, qu'il a en lui-même le sentiment d'un remunérateur et d'un vengeur.

Si l'on avoue que le cœur humain éprouve toujours le sentiment de l'espérance ou celui de la crainte, il faut reconnoître les grandes vérités qui viennent d'être établies, et n'en sont que les conséquences nécessaires; ou si l'on veut nier celles-ci, il faut commencer par nier que l'homme ait une conscience, mais comment nier ce principe et ses effets?

Il vaudroit tout autant nier sa raison, sa liberté et sa propre existence. Il n'est personne qui n'ait ressenti de la satisfaction après une bonne action, même la plus secrète, ou n'ait éprouvé des remords à la suite de la faute la plus cachée. Ces impressions ne sont pas très-sensibles dans les actions ordinaires, qui ne font ni grand bien ni grand mal; mais dans les conjonctures importantes, elles se gravent dans l'ame en traits qui ne s'effacent plus.

Qu'un homme ait empêché un grand malheur, par exemple, un incendie, un naufrage, qu'il ait sauvé l'état, un père de famille, etc. il n'oubliera jamais ces actes de vertu : quelques secrets qu'on les suppose, ils feront le charme et le bonheur de sa vie; il les envisagera sans cesse avec orgueil, il en parlera jusqu'au dernier soupir comme d'une créance légitime dont le paiement lui est dû. Il en est de même du sentiment contraire qui suit une mauvaise action.

Le crime le plus caché empoisonne la vie entière de son auteur, son image est toujours devant ses yeux, lors même qu'il fait le plus d'efforts pour l'écarter.

C'est un criminel condamné, toujours

tremblant, qui au moindre bruit croit voir entrer le bourreau, et cette terreur augmente à mesure qu'il voit approcher le terme de sa vie.

Telle est la situation de l'homme coupable d'un crime, et cette situation dure tant qu'il n'a pas appaisé sa conscience, en faisant tout ce qui est en lui pour le réparer, et rentrer par cette réparation dans la ligne de la perfectibilité, ou dans la voie droite de la nature dont il s'est écarté.

Et qu'on ne dise pas que cette crainte est un fantôme, ouvrage des contes de nourrices ou des préjugés de l'éducation ; l'homme le plus inculte et le matérialiste le plus intrépide l'éprouvent également. Cette vérité a été reconnue par les plus grands apôtres de l'athéisme. La crainte est dans le monde, dit Lucrèce : *Primus in orbe deos fecit timor.* Il est vrai que selon la logique de ce poëte philosophe, c'est la crainte qui a fait imaginer des dieux ; mais fut-il jamais un raisonnement plus faux ? C'est évidemment prendre l'effet pour la cause.

Pourquoi l'homme craindroit-il, si la nature n'avoit imprimé dans son ame le sentiment d'un être suprême auquel il est comptable, et qui le fait craindre sur sa comptabilité ?

Mais au surplus, ce n'est pas seulement la crainte dont est troublée la conscience, après une mauvaise action, que l'étude du cœur humain nous présente.

Il est un autre sentiment qui le soutient et le console plus que le premier ne l'agite et l'inquiète. Tous les individus, le barbare, l'homme civilisé, le juste, le coupable lui-même, espèrent également, et cette espérance dure autant qu'eux : or, d'où vient ce sentiment universel et consolateur, plus indestructible que celui de la crainte ?

N'est-il pas dans l'homme parce qu'il sent en lui-même qu'une puissance pleine de bonté aura de l'indulgence pour sa foiblesse, finira ses peines, ou couronnera ses efforts ?

Donc l'espérance et la crainte sont des démonstrations de l'immortalité de l'ame et de la providence d'un être suprême, comme un effet quelconque est la démonstration de la cause qui le produit, comme la chaleur atteste l'existence du feu, quand d'ailleurs l'on ne pourroit expliquer comment la même cause agit pour produire cet effet.

Il est possible (et cela est), il est possible que l'esprit, avec beaucoup de travail, parvienne à élever quelques doutes sur ces propositions; mais tous les doutes imaginables se dissipent devant le témoignage du sens intime. Celui-ci est toujours un oracle infaillible pour ceux qui le consulteront avec sincérité et bonne-foi.

Il est vrai, et je dois le répéter ici, les effets de la conscience ne seront pas si développés, si vifs ou si aigus, dans l'homme, dont ne *peut être connue* la loi positive qui règle ses actions; il ne pourra dans cette ignorance connoître distinctement la moralité de tel ou tel fait, mesurer toute l'étendue de telle ou telle violation; mais déjà son ame éprouve un mécontentement, un chagrin quelconque, et cela suffit pour démontrer que la conscience est dans l'homme avant la loi.

Il y a plus, si la conscience n'étoit pas dans l'homme antérieurement à la loi, il ne seroit pas même susceptible de loi, car un être libre et moral est seul capable de loi, et celui qui n'auroit pas dans sa nature une conscience telle que nous l'avons expliqué, ne seroit ni libre ni moral.

Ces propositions vous sembleront peut-être serrées les unes dans les autres et un peu abstraites, mais avec quelqu'attention, vous y distinguerez facilement la conséquence du principe, et puis vous en déduirez pour la pratique, ces autres propositions qui en sont les corollaires.

..... Le premier qui trempa ses mains dans le sang de l'innocent, vit par la raison avant de commettre son crime, qu'il alloit faire mal, et après qu'il l'eut commis, il sentit un trouble intérieur, quand même l'on supposeroit que dans ce moment il ne connut pas la loi qui défendoit l'homicide.

Ainsi l'ingrat, le traitre, le père qui expose son enfant, le maître qui tue son esclave, etc. ne sont pas exempts de remords, dans les pays même où ces actions sont tolérées ou impunies.

Ce qui est mal en soi peut bien être toléré ou impuni ; mais la tolérance ou le silence des loix ne peut étouffer entiérement dans celui qui viole ouvertement la nature, le cri de cette même nature. S'il en étoit autrement, il s'ensuivroit que ce que nous appellons droit nautrel, n'est qu'une affaire de préjugé.

Ensuite de toutes ces maximes, vous tirerez les règles suivantes, qui sont le complément de tout ce qui a été dit jusqu'à présent, et forment les élémens d'ordre social, ou plutôt les élémens sans lesquels toute société est impossible.

.... Le vrai et le faux, le bien et le mal existent indépendament des conventions humaines.

..... Celui à qui il est impossible de faire que 2 et 1 fassent 4, ne peut pas faire plus que le mensonge soit vérité, qu'une bonne action soit mauvaise, et réciproquement. Il appellera ces choses comme il lui plaira, au gré de son intérêt ou de son caprice; mais tous les noms qu'il leur donnera n'en changeront pas l'essence.

..... Si le vrai et le faux étoient subordonnés aux conventions, ce qui est vrai au midi pourroit être faux au nord, ce qui est mal chez une nation deviendroit bien chez sa voisine, etc. Or, toutes ces conséquences et celles qui leur ressemblent, sont aussi absurdes que subversives de tout ordre.

. ... Enfin, les élémens du monde moral pré-existent à l'homme ainsi que ceux du monde physique; il ne peut rien créer dans l'un plus que dans l'autre, et s'il le fait, ce ne seront jamais que des phantômes, enfans de son imagination, incapables d'en imposer à sa conscience.

CONFÉRENCE X.

Sur la différence des effets de la Conscience et de ceux du Fanatisme.

Nous avons expliqué dans la conférence précédente, la nature et les effets de la conscience ; mais ici se présente une difficulté qui mérite d'être approfondie. Dans tous les tems, il y a eu des fanatiques, ou de ces hommes foibles, qui pour la cause la plus suspecte, ou même la plus mauvaise, ont fait les choses les plus grandes, et lesquelles au premier apperçu semblent être les efforts de la plus haute vertu : or, tous ces actes ne peuvent se rapporter à la conscience, que nous avons définie une jurisdiction intérieure qui prononce sur le mérite réel des actions humaines ; loin de-là, ils ne doivent l'être qu'à une imagination exaltée. Mais comment distinguerons-nous l'ouvrage du jugement et de la réflexion, d'avec celui de la foiblesse ou peut-être de la démence ?

Cette objection est spécieuse, embarrassante peut-être, par la nature des individus et des faits qui y donnent lieu ; mais on verra à l'instant qu'elle se décide d'après les règles les plus simples comme les plus sûres.

La raison et l'imagination sont deux principes bien opposés, leurs effets sont donc contraires, et celui qui les comparera ne s'y méprendra jamais.

Il ne faut pas croire que la vertu soit au-delà, ou hors des limites de la nature, ce seroit une erreur capitale; la conscience est toujours dirigée et déterminée par des motifs dont la raison lui a auparavant montré la vérité. S'il n'en étoit pas ainsi, l'homme ne feroit jamais le bien par principe, et ensuite d'une détermination libre, il n'agiroit que par le hazard, ce qui est destructif de tout ce que nous avons dit de sa nature perfectible et morale.

Nous admirons les actes qui veulent du courage, nous les proposons pour modèles, nous les plaçons sur des lieux élevés comme ces feux qui éclairent les voyageurs dans les ténèbres; mais si nous y faisons attention, nous verrons que ceux qui méritent le plus cet honneur, ont toujours été précédés d'un jugement que l'homme raisonnable ne peut s'empêcher de rendre ; nous reconnoîtrons qu'ils ne sont que l'application des maximes les plus certaines du droit naturel, et s'il est dans le monde des actions qui ne soient pas fondées sur ces principes, elles n'appartiennent pas à la conscience, elles ne sont pas des actions morales proprement dites.

Cela posé, voulons-nous juger si un homme s'est conduit d'après le dictamen de sa conscience ou les prestiges de son imagination, il est un moyen sûr et infaillible d'arriver à ce but, c'est de soumettre son action à la critique la plus rigoureuse, ou à la discussion de la dialectique la plus sévère. On ne peut sans doute exiger plus de précautions pour se préserver de l'erreur.

C'est ce que l'exemple va rendre sensible : 1°. il est constant que Regulus s'est engagé de retourner à Carthage.

2°. Qu'il est parfaitement libre d'effectuer ce retour ; 3°. que s'il ne retourne pas, il violera ses engagemens, etc.

Toutes ces propositions sont justes et avouées telles par la raison ; donc, avant de partir pour Carthage, Regulus voit distinctement ce qu'il doit faire ; donc, en partant il a agi avec réflexion et d'après le jugement d'une conscience droite et éclairée.

Donc, bien loin que Regulus soit un fanatique, il n'a fait que ce que se doit à elle-même une créature raisonnable et libre.

Ce trait est un de ceux que l'histoire ancienne a le plus célébré, et il a paru si fort, que certains auteurs l'ont révoqué en doute; mais si en l'admettant pour vrai, on l'examine en lui-même dépouillé de ses accessoires et de ses suites, on voit qu'il n'est que l'observation des premières règles.

Au fond, qu'a fait le consul romain? il a tenu sa promesse; mais cette conduite n'est que l'exécution des maximes les plus communes, les plus universelles: mille autres que lui, dont on ne parle pas, en ont fait tout autant.

Tous les jours nous voyons dans le peuple des hommes esclaves de leur parole, et qui n'en font aucune parade. Hé bien, le premier n'a pas fait plus que ceux-ci; voilà toutefois le jugement que nous porterons, si nous considérons les choses en elles-mêmes, sans avoir égard aux événemens qui les ont suivis, événemens incidentels, indépendans du fait principal, et qui pouvoient très-bien ne pas avoir lieu.

Si les Carthaginois eussent respecté dans Regulus le droit des gens qui n'est que le droit naturel, l'on n'eût peut-être point parlé de ce trait, lequel cependant n'en auroit pas moins eu son mérite, puisque son auteur auroit été fidèle à son engagement ; aussi, je n'en doute pas, nous aurions une multitude de pareils exemples à proposer à la jeunesse, si l'histoire eût pris la peine de recueillir avec soin les actes de vertu des simples particuliers ; mais on sait qu'elle ne s'occupe que des hommes en évidence, et constitués en dignité.

Que de faits intructifs et utiles restés dans la nuit la plus épaisse, sont perdus pour la postérité :

Vixere fortes ante Agamemnona
Multi ; sed omnes illacrymabiles
Urgentur, ignotique longa
Nocte, carent quia vate sacro.

La critique qui vient d'être faite au sujet de Regulus, peut avoir lieu dans tous les autres cas et avec le même succès, quand il s'agira de juger si une action est produite par le fanatisme ou la réflexion.

Ainsi, tous les soldats qui se sont immolés

pour ne pas commettre une trahison ou une lâcheté secrète; tous les hommes qui ont préféré la mort au mensonge ou à un déguisement de vérité, sont à la hauteur du consul romain. Ils sont même plus élevés, car, condamnés à l'obscurité, ils n'étoient pas comme lui, soutenus par le mobile de la gloire. Or, ces hommes sont-ils des fanatiques, ou ont-ils agi en vertu d'une conscience parfaite? c'est une question sur laquelle le simple bon-sens ne peut être long-tems embarrassé.

Les uns avoient pour principe que la trahison et la lâcheté sont des crimes, lors même qu'ils sont inconnus; les autres, que le mensonge ou le déguisement de vérité, est toujours un mal réel, contraire à l'ordre: l'occasion d'agir s'est presentée, et ils ont agi conformément à leurs maximes. Voilà ce qu'ils ont fait; mais qu'observez-vous de faux dans cette manière de voir? La raison apperçoit-elle dans ce jugement, l'ouvrage d'un cerveau foible ou exalté? Loin de-là, aux yeux d'une logique universelle, ces maximes sont de la plus grande justesse, et ceux qui les ont pratiquées, n'ont été que des hommes conséquens avec eux-mêmes; en tout pays, les propositions contraires ont été jugées fausses, et ceux qui se sont conduits d'après elles, ont été chez tous les peuples, traités d'hommes sans principes, désapprouvés, et méprisés.

Je ne crains donc pas de répéter ici ce que j'ai dit à l'occasion de Regulus : tous les refus de trahison ou de mensonge dont nous parlons, sont bien dignes des hommages que leur rend l'opinion publique, mais ils ne sont pas hors de la nature. Ils ne doivent pas tant leur célébrité à la force morale qu'ils supposent en eux-mêmes, qu'aux traitemens qu'ils ont valu à leurs respectables auteurs ; c'est ce traitement qui a fait contraste, et le contraste commande toujours l'admiration.

Certes il n'y a rien de merveilleux à remplir ses engagemens ou à se refuser à un mensonge, quand il n'est à cela aucun danger, ou que l'intérêt ne demande pas le contraire, celui qui agiroit autrement ne seroit qu'un fou.

La difficulté est donc éclaircie, il est très-facile de distinguer l'ouvrage du fanatisme d'avec celui de la conscience, il ne faut pour cela que la rectitude dans les idées et de la bonne-foi; il suffit d'examiner si l'individu dont on juge la conduite, s'est dirigé d'après les règles immuables du droit naturel, ou d'après des préjugés condamnés par les maximes de ce droit. Mais pour connoître de plus en plus si le moyen proposé est aussi sûr que je le soutiens, prenons un autre exemple non moins fameux dans l'histoire, et qui a donné lieu à de grandes discussions en philosophie : c'est le genre de mort de Caton d'Utique. Or, voyons ce que nous dira à cet égard la critique la plus ordinaire.

Dans quelle classe pouvons-nous ranger cet événement et tous ceux qui lui ressemblent? Est-ce un acte de la conscience ou de l'imagination déréglée? c'est un problême qui ne sera pas difficile de résoudre.

Caton se donne la mort pour ne pas survivre à la liberté de sa patrie, et ne point reconnoître un maître dans le vainqueur de Pharsale. Mais qui ne voit que toutes ces idées sont fausses et boursoufflées : assurément elles ne nous représentent pas cet homme ferme que la chûte du globe ne sauroit ébranler.

En effet, comment ce stoïcien peut-il voir la liberté et la patrie, dans un état où depuis long-tems, il n'y a plus qu'esclavage, tyrannie, que sang et proscription, etc.

Comment

Comment peut-il faire des vœux si ardens pour qu'une société si malheureuse continue d'exister ? Il semble que tout esprit juste devoit faire des vœux contraires ; mais en lui supposant un véritable amour pour sa patrie, comment sa mort pouvoit-elle lui être utile ? S'il l'aimoit sincérement, ne devoit-il pas vivre pour la servir, pour défendre la cause de la liberté ? Ne lui restoit-il plus rien à faire pour lui-même, pour ses enfans, pour ses amis, pour l'humanité? N'est-ce pas tout cela qui aux yeux du sage est la véritable patrie ? Ainsi les résultats auxquels nous amènent tout naturellement, nos réflexions sur la mort de cet illustre personnage, sont entièrement opposés à ceux que nous avons trouvés dans l'action de Regulus, ou celles que nous lui avons comparées plus haut : ainsi d'après la plus simple logique, Caton a sacrifié, non à la raison, mais à un fantôme ; c'est le cas de répéter ici :

Insani sapiens, nomen ferat æquus iniqui,
Ultrà quàm satis est, virtutem si petat ipsam.

J'ai dit que dans tous les tems il y avoit eu des hommes qui s'étoient sacrifiés pour leur conscience ; mais n'est-il pas de mon devoir de rapporter en faveur de cette assertion, les preuves que nous fournit l'époque à laquelle nous vivons, époque si instructive à tous égards et qui a résolu tant de problêmes.

En effet, si la révolution que nous avons éprouvée offre le tableau de la subversion des principes, elle ne présente pas moins celui des plus grands sacrifices, faits pour leur affermissement. Nous avons tous vu, mettre, non sur le papier, mais en pratique les leçons de Télémaque à Narbal (*), lorsque

---

(*) « Ce mensonge, dit Narbal, n'a rien qui ne soit innocent, les dieux mêmes ne peuvent le condamner; il ne fait aucun mal à personne, il sauve la vie à deux innocens; il ne trompe le roi que pour l'empêcher de faire un grand crime: vous poussez trop loin l'amour de la vertu.....

» Il suffit, répond Télémaque, que le mensonge soit mensonge, pour n'être pas digne d'un homme qui parle en présence des dieux, qui doit tout à la vérité; celui qui blesse la vérité, offense les dieux et se blesse lui-même; il parle contre sa conscience. Cessez Narbal de me proposer ce qui est indigne de vous et de moi; nous serons en mourant les victimes de la vérité, et nous laisserons aux hommes l'exemple de préférer la vertu sans tache à une longue vie; la mienne n'est déjà que trop longue, étant si malheureuse ». *Télémaque.*

celui-ci le presse de se dire Cyprien, pour éviter la mort. Nous pouvons tous déposer que beaucoup d'hommes de notre société ont préféré perdre la vie, à dire un mensonge ou même à déguiser la vérité.

Nous pouvons attester que plusieurs d'entre ces hommes, après de longues conférences et beaucoup de réflexions, ont désavoué non seulement les bons offices de leurs amis, et de leurs défenseurs, mais qu'ils ont été sourds aux prières, j'ose le dire, de leurs propres juges, qui étoient combattus par leur sensibilité et la rigueur de la loi. Voilà des faits dont nous avons tous été témoins.

Dira-t-on qu'ils sont pour la plupart l'ouvrage du fanatisme religieux ? Mais j'ai prouvé toute l'injustice de cette imputation, en montrant que leurs auteurs n'ont agi que d'après les maximes de la morale de toutes les nations. Cependant, supposons que leur conduite a été déterminée par les préceptes de leur religion, que s'ensuit-il ? Il s'ensuit que ces préceptes ne sont que les règles du droit naturel, et dans ce cas, l'objection tombe d'elle-même.

Pour établir qu'une acion est l'ouvrage du fanatisme ou de l'imagination exaltée, il faut commencer au préalable par prouver que cette action a été précédée d'un *jugement faux* (*); mais quand celui-ci est *vrai*, il est de la dernière absurdité de trouver du fanatisme dans celle-là. S'il en est autrement, il est permis de donner cette qualification indifféremment à tous les actes de vertu. Nous pouvons verser le ridicule et le mépris sur les hommes dont les actions sont conformes avec leurs principes, en un mot nous déshonorons du coup tout ce qui veut du courage et une moralité effective.

Telles sont les conséquences auxquelles nous donnons pleine ouverture, et qui deviendront ensuite, malgré nous, les règles d'ordre social. Certes, elles valent bien la peine qu'on y réfléchisse sérieusement. Distinguez bien entre l'action de la conscience et le traitement qui peut la suivre; ce sont deux objets étrangers l'un à l'autre, *res inter alios actæ*. Au moyen de cette distinction, vous serez en garde contre des imputations aussi vagues,

(*) L'individu qui, par sa simplicité et son ignorance, est incapable de juger, n'est pas un fanatique, il n'est qu'un instrument passif entre les mains de ceux qui l'emploient.

aussi légères qu'elles sont fréquentes, et en revenant à notre premier exemple, vous en conclurez que le fanatisme a été tout entier du côté des Carthaginois.

CONFÉRENCE XI.

Sur les effets des facultés humaines.

L'HOMME éprouve des passions, il recherche ce qui en est l'objet, il discerne le vrai, d'avec le faux; il embrasse la vertu ou le vice, il fait le bien ou le mal; il tombe dans des foiblesses ou des défauts : enfin il craint, et il espère : tels sont les résultats des facultés humaines. Il convient de donner ici la définition des choses que ces mots différens présentent à l'esprit.

— Qu'est-ce que les passions?

= Ce sont en général tous les desirs que l'homme éprouve.

— Ces desirs sont-ils dans sa nature?

= Oui : comme il est de son essence de chercher son bonheur et de l'augmenter sans cesse, tous les desirs qu'il éprouve sont les effets de ce sentiment primitif; ils sont donc dans sa nature.

Ces desirs sont bons ou mauvais, selon qu'ils conduisent l'homme vers sa perfection, ou qu'ils l'en éloignent; par exemple, le desir de la réputation et de la fortune est en soi légitime et conforme à l'amour de soi, puisque l'acquisition de ces deux choses peut rendre l'homme plus heureux et plus parfait qu'il ne le seroit sans elles ; mais ce desir cesse d'être légitime et devient contraire aux principes de perfectibilité, s'il nuit à l'individu qui l'éprouve ou à ses semblables.

Il y a donc des passions bonnes de leur nature, mais qui peuvent devenir mauvaises par la manière de s'y livrer ; ainsi pour ne pas quitter l'exemple cité..... il est beau et louable de travailler à sa réputation et à sa fortune, parce que ce sont des moyens de bonheur et de perfectionnement ; mais il est contre nature de se livrer à ce travail jusqu'à transgresser ou négliger des devoirs essentiels, tels que ceux que l'on se doit à soi-même comme individu, ou auxquels on est tenu sous les qualités de père, de fils, d'époux, de citoyen, de magistrat, etc. (*)

— Selon vous, l'homme peut se nuire à lui-même, en travaillant à sa gloire et

---

(*) Je donne toujours pour exemple les deux passions les plus actives, les plus étendues du cœur humain : le desir de la gloire et celui de la fortune.

à sa fortune ; cela paroît contradictoire.

≔ Il n'est pas de vérité plus certaine : avec un grand nom, beaucoup d'esprit et une fortune immense, il peut se rendre malheureux, et c'est ce qui arrive toutes les fois qu'il dirige ses facultés à *faux*, ainsi que nous l'avons expliqué dans notre conférence sur l'Imagination.

Il peut avoir beaucoup travaillé, beaucoup acquis, jouir de la plus grande renommée, et malgré tout cela n'avoir rien fait pour sa perfection ou son bonheur réel.

Et ne prenez point ceci pour un lieu-commun, il suffit de se piquer d'un peu de logique, pour reconnoître ce principe de droit naturel ; dès que le vrai et le faux ont été distingués en eux-mêmes, que l'homme a été placé entre l'un et l'autre avec la liberté du choix, il est évident que tous deux ne peuvent mener au même but. Le faux sans doute ne conduira pas au bonheur aussi bien que le vrai.

— L'homme, pour faire son bonheur, doit-il s'occuper de celui des autres ?

≔ Cette maxime évidente n'est que la suite de son amour-propre. Etant de sa nature sensible et social, et ne pouvant exister sans les autres, il faut qu'il soit juste et bon envers eux, afin qu'ils le soient à son égard. Il n'y a donc de bonheur que celui qui est subordonné à ces deux règles, lesquelles sont inséparables et n'en font qu'une..... *S'aimer soi-même, respecter les autres.*

La loi de la sociabilité n'est autre chose que celle de la réciprocité ou du retour ; celui qui est indifférent pour ses semblables, les trouvera tels à son égard ; celui qui les offense, les met en droit d'user de représailles : l'intérêt personnel de chaque individu est le pivot sur lequel tourne toute la machine de la société.

— Qu'est-ce que le vrai ?

= Le vrai est en général tout ce qui est conforme au premier type des choses, c'est-à-dire à leur nature. Au moral, c'est toute proposition qui affirme être conforme à l'amour-propre de l'individu ou à sa perfection, ce qui l'est effectivement, par exemple, celle-ci : *Le fils âgé de vingt ans doit vivre sous l'autorité paternelle.*

Cette proposition est vraie, parce qu'il est dans l'intérêt du fils lui-même, qu'il soit sous puissance d'autrui, quoiqu'âgé de 20 ans.

— Qu'est-ce que le faux ?

= Le faux est en général tout ce qui n'est point conforme au premier type des choses, ou à leur nature.... Au moral, c'est toute proposition qui affirme être conforme à l'amour-propre de l'individu, ce qui lui est réellement contraire, par exemple, celle-ci : *Dès que le fils est parvenu à l'âge de vingt ans, il ne doit plus d'obéissance à son père.*

Cette proposition est fausse, parce qu'il est contraire au bien personnel de l'homme, qu'à l'âge de 20 ans il ne reconnoisse aucun supérieur.

— Qu'est-ce que la vertu ?

= La vertu en général est la juste application du principe de l'amour de soi, ou c'est le *vrai* mis *en action.*

Le bien est le résultat de cette application : il faut être bon père, bon fils, bon citoyen, bon ami, prendre soin des pauvres, etc. voilà des propositions vraies; celui qui les met en pratique, exerce les vertus correspondantes à ces mêmes propositions : la *vérité* est une lumière qui éclaire, la *vertu* est l'action de l'homme qui marche à cette lumière.

— Qu'est-ce que le vice ?

= C'est en général une fausse application

du principe de l'amour de soi, ou c'est le *faux* mis en action ; le *mal* est le résultat de cette fausse application.

La force et l'adresse, par exemple, *sont des moyens légitimes d'acquérir :* voilà une proposition fausse, celui qui agit en conséquence est un homme vicieux. Si nous examinons les propositions que l'on trouve dans les substantifs suivans.... *oisiveté*, *avarice*, *envie*, *orgueil*, *ingratitude*, etc. nous verrons clairement qu'elles sont toutes fausses ; aussi l'oisif, l'avare, l'envieux, l'orgueilleux, l'ingrat, etc. sont-ils des hommes vicieux. Si ces propositions n'étoient pas fausses, les mêmes hommes ne seroient pas vicieux.

J'ai dit que la vertu étoit une juste et le vice une fausse application de l'amour de soi. Pour être convaincu de la vérité de cette definiton, il suffit de remonter à la source de toutes les actions, même des plus opposées. Les plus grandes austérités ne sont que le résultat de l'amour de soi.... Le suicide n'est qu'une fausse conséquence de ce principe : les épicuriens, les stoïciens, les plus rigides, les anachorètes, les débauchés les plus dissolus, tous partent également du même point et tendent au but, c'est-à-dire, à leur bonheur :

ils ne font que différer dans le choix des moyens, pour y parvenir.

— N'y a-t-il pas une différence entre les passions qui sont louables en elles-mêmes et les vertus ?

= Il en est une essentielle : les passions cherchent la publicité, les distinctions, les applaudissemens. La vertu dirigée par des motifs supérieurs, fait le bien pour le bien seul, tant en public qu'en secret, fort peu inquiète de ce que disent les autres : elle porte avec elle-même sa récompense.

Nec sumit aut ponit secures
Arbitrio popularis auræ.

— Qu'entend-t-on par foiblesse ?

= C'est toute imperfection sensible dans l'exercice d'une faculté de l'ame ; c'est tout défaut momentané de raison, de jugement, de réflexion, de mémoire, de liberté, etc. telles sont la vanité, la jalousie, la superstition, la pusillanimité, l'inconséquence, etc. Les foiblesses sont de la nature d'un être perfectible, elles sont un milieu entre la vertu et le vice : un homme foible n'est pas un homme vicieux.

— Qu'est-ce que l'espérance et la crainte ?

= Nous l'avons dit dans le chapitre précédent.

CONFÉRENCE XII.

Sur l'Honneur.

Nous avons défini la vertu et le vice, mais nous n'avons rien dit de l'honneur qui joue un si grand rôle dans le monde.

Qu'est-ce donc que l'honneur? N'est-il pas une chose bien supérieure à la vertu elle-même?

Non, il s'en faut infiniment. L'honneur est une mesure de convention, ou un certain mode public, introduit par le tems chez une nation, mais qui ne l'est pas toujours pour cela chez une autre.

L'honneur est donc bien différent de la vertu. Celle-ci n'étant que la juste application de l'amour de soi, est par essence tout ce qu'elle est par elle-même, indépendament des hommes, de leurs usages, de leurs institutions, et par conséquent elle ne peut éprouver aucun changement, aucune altération.

La vertu est une, invariable comme la vérité; ce qui est tel dans un lieu, l'est aussi à ses antipodes et par toute la terre.

Il n'en est pas ainsi de l'honneur : celui-ci varie selon les peuples, et quelquefois selon les classes qui composent la société ; ce qui a ce nom à la ville, ne le porte pas toujours à la campagne.

Ce qui l'est dans la monarchie, ne l'est pas pour cela dans les républiques, il varie jusques dans les mêmes gouvernemens.

L'honneur n'est pas à Paris, ce qu'il est à Madrid, à Naples, à Vienne, etc. Quelquefois il est contraire à la raison, aux maximes éternelles, aux loix positives même du pays où il domine avec le plus d'empire.

Les hommes qui par l'éducation et par la naissance, sont plus obligés que les autres, de sacrifier à cette idole, ne sont pas eux-mêmes d'accord entre eux sur le culte qu'on doit lui rendre. Ici l'honneur proscrit certains états, certaines conditions cependant nécessaires ou utiles à la société : là, il les accrédite. Ici, une telle action est un crime à ses yeux ; là, elle est légitime : plus on s'éloigne du lieu que l'on habite, plus les formes de l'honneur varient, et il est des points où elles sont dans l'opposition la plus frappante.

En Pologne, la qualité de noble, qui donnoit voix à la diète de l'état, étoit compatible avec la domesticité.

A Pékin, dit-on, c'est un déshonneur d'avoir la tête tranchée, tandis que la potence est le supplice des grands; l'exécuteur de la justice y est respecté, honoré; c'est un des premiers militaires de l'état. Un chinois qui voudroit garder le célibat, seroit déshonoré, etc.

On ne finiroit pas, si l'on vouloit faire le tableau de toutes ces variations. Tant qu'une société reste dans un état voisin de l'état de famille, les prejugés nationaux y ont peu d'influence, on n'y reconnoît que *l'honneur vrai* ou autrement *la vertu*; mais quand un peuple s'est éloigné de cet état, l'honneur vrai s'enfuit peu à peu, pour faire place à un honneur factice et de pure convention. Tout cela, si l'on y fait attention, est entiérement dans la marche des choses humaines. Quand une population sera hors des termes de la proportion voulue par la nature, les individus qui la composeront ne pourront plus se connoître, et dès que les hommes ne se connoissent plus, ils tombent naturellement en défiance réciproque les uns des autres.

Par suite de cette défiance, on ne croira pas, ou toutefois l'on croira foiblement à la vertu de ceux avec lesquels on commerce; il s'introduira dans la société quelque chose qui en tiendra lieu, et en sera le simulacre vrai ou faux.

On consentira donc tacitement chez ce peuple, à ce que le citoyen n'ait pas de vertu, pourvu qu'il ait de l'honneur, c'est-à-dire, pourvu qu'il se conforme à la mode dans ses actions publiques. La vertu est toujours fille de la raison, l'honneur est souvent enfant de l'imagination, capricieux et bizarre comme sa mère. L'honneur est toujours le résultat des mœurs et non des loix : ainsi une nation dont les mœurs sont corrompues, peut avoir de l'honneur et point de vertu, quel que soit d'ailleurs son gouvernement.

Si un état monarchique avoit de bonnes mœurs, on y cultiveroit la vertu plus que l'honneur ; c'est ce qui arriveroit, s'il étoit borné, et non loin de l'état de famille. Une république dont les mœurs seroient corrompues, aura de l'honneur et point de vertu.

De ces principes résulte cette conséquence des plus importantes à l'ordre social..... Qu'il faut soigneusement distinguer entre les *maximes* et *les loix*, entre *les actions civiles*, *les mœurs* et *les manières*.

Toutes ces expressions représentent des choses différentes.

Les

Les *maximes* sont des vérités éternelles, indépendantes du fait des hommes.

Les *loix* sont des ordonnances positives du souverain, lesquelles peuvent n'être pas toujours conformes aux *maximes.*

Les *mœurs* sont les actions que l'on fait en qualité d'homme, lesquelles sont conformes ou opposées aux maximes.

Les *actions civiles* sont celles que l'on fait en qualité de citoyen, lesquelles sont conformes ou contraires aux loix.

Les *manières* forment un troisième genre d'actions, lesquelles sont conformes ou non, aux modes et aux préjugés introduits chez un peuple, et les actions de ce dernier genre sont aussi elles-mêmes indépendantes des maximes et des loix.

— Tous les attributs de la nature humaine et leurs effets sont-ils compris dans le tableau que vous en avez présenté?

= Non, je n'ai pas encore expliqué la nature et les effets de la Raison; cet article fera le sujet du second Livre.

Fin du premier Livre.

6

LIVRE DEUXIEME.

J'AI exposé dans le premier Livre, les facultés constitutives de l'homme, et j'ai dit après les avoir constatées, qu'il est un être *moral de sa nature ;* j'examinerai dans le second, si les mêmes facultés telles qu'elles sont, peuvent produire *la moralité actuelle.* Il n'est pas de question plus importante dans le droit naturel (*), et pour la mettre dans tout son jour, je vais, comme je vous l'ai annoncé plus haut, reprendre la conférence sur la Raison, laquelle n'a pas eu le développement qui lui convient.

Ce n'est pas assez de définir ; les définitions n'apprennent rien, si les objets qu'elles an-

(*) Il faut bien observer que droit, dans son acception primitive, ne signifie pas *loi* ou *commandement*, mais ce qui conduit directement au but, et dans le sens moral, ce qui est conséquent et sort d'un principe reconnu. Droit naturel ou *rectorium* ne veut dire autre chose que les règles de la saine logique appliquées à la conduite de l'homme.

noncent ne reçoivent les explications dont ils sont susceptibles. Cette observation vraie en général, doit être sur-tout appliquée aux sciences morales.

CONFÉRENCE PREMIERE.

Sur la Raison.

LA *raison* a été définie une faculté qui discerne le vrai d'avec le faux, le bien d'avec le mal. Il semble d'après cela, que cette lumière instruise l'homme de tout ce qu'il lui importe de savoir, et qu'elle est dans tous les cas un guide infaillible. Il faut l'avouer, cette conséquence est spécieuse, elle se présente au premier abord avec l'air de la vérité; mais cependant, si l'on examine la question sous tous ses rapports, et si l'on veut que les actions humaines aient une moralité *actuelle et effective*, on est forcé de convenir que la raison toute seule est insuffisante pour produire cette moralité.

— Il y a ici contradiction formelle: si la raison toute seule ne peut instruire l'homme sur la moralité de ses actions, elle ne lui fait pas discerner le bien d'avec le mal ; donc la définition qui a été donnée de cette faculté est fausse.

= Avec de la réflexion, vous connoîtrez bientôt toute l'erreur de cette conséquence : il suffit pour cela de distinguer entre *la faculté et son exercice actuel.*

Sans doute, la raison peut distinguer le vrai d'avec le faux ; mais faites-y bien attention, elle n'est qu'une faculté, c'est-à-dire un germe, une semence que l'homme est obligé de cultiver sans cesse.

Ce n'est que par la culture la plus assidue, le travail le plus constant, qu'elle produira des fruits.

Il n'est pas de vérité plus frappante que celle-là : jettez vos regards sur la société, n'y voyez-vous pas une distance presque infinie entre la raison cultivée et celle qui ne l'est pas, entre celle qui est cultivée dans le sens droit, et celle qui l'est dans le sens faux ?

Nos progrès dans les sciences et même dans les arts les plus mécaniques, ceux que nous voyons dans la pratique des vertus, sont les effets non immédiats de la raison, mais de la culture et de la direction qui lui ont été données.

— La raison n'est donc pas égale dans tous les individus?

= Cette conséquence évidente, à laquelle j'ai voulu vous amener, est la suite de notre perfectibilité.

La raison, comme nous l'avons indiqué, est soumise à plusieurs gradations constantes et régulières : 1°. pendant les six à sept premières années, elle n'est qu'un simple instinct.

2°. Après ce terme, elle commence à se montrer; mais lente et foible dans sa marche, elle n'acquiert une certaine consistance qu'après un espace de sept à huit autres années, j'entends à l'époque où les sexes se développent.

3°. Ici, elle présente déjà des résultats satisfaisans, elle montre sa capacité d'acquérir, mais elle n'a encore rien acquis; elle cherche, s'agite, se tourmente beaucoup, et ses progrès seroient dès lors extrêmement sensibles, s'ils n'étoient traversés par l'imagination, et le règne de cette dernière, appellé le tems des passions, dure au moins autant que les deux époques précédentes.

4°. Après ce long espace d'erreurs et de fautes, commence, il est vrai, la quatrième saison de la vie humaine, celle de l'expérience, de la réflexion et du jugement; mais quand l'homme y est arrivé, il a déjà parcouru la moitié et même les deux tiers de sa carrière, ensorte que la raison n'agit dans toute sa force, que dans la dernière et la plus petite partie de son existence.

Telle est la progression de notre perfectibilité, ce qui revient à ces mots.... *enfance*, *adolescence*, *jeunesse*, *virilité*, lesquelles font au moral quatre situations aussi distinctes, que le sont au physique, l'hiver, le printems, l'été et l'automne.

Ajoutez à ce tableau, que le tems de la réflexion est plus ou moins reculé, selon les besoins physiques, le genre de vie, le plus ou le moins de culture, et vous appercevrez déjà combien il y a de dégrés dans la perfectibilité humaine.

Joignez-y ensuite les modifications et les nuances des habitudes domestiques, puis celles des institutions nationales, des préjugés, etc. et vous reconnoîtrez que cette variété est sans bornes, non-seulement entre les individus, mais encore entre les nations.

— Montrez-nous, par un exemple, que la raison toute seule et sans culture, ne peut parvenir à la connoissance des premiers principes de la moralité?

= Il est des vérités qui n'ont besoin d'aucune recherche, et se montrent par leur propre clarté; nous les appellons évidentes: elles ont été données à l'homme sans qu'il ait besoin de les étudier; par exemple, celle-ci : Le tout est plus grand que sa partie. Ces propositions et autres de cette espèce, ont pour objet des choses sensibles, et particulièrement la conservation physique de l'individu.

Mais il n'en est pas de même des vérités morales, celles-ci ne s'acquièrent que par un certain travail, une certaine application de l'esprit, et la combinaison de plusieurs principes réunis. En preuve de cette assertion, je prends la première de toutes, l'existence de Dieu.

A la vue de cet univers, je dis:

.... Toutes ces choses ne se sont pas faites d'elles-mêmes, donc il y a un principe *créateur et tout puissant.*

Si ensuite je considère l'harmonie qui règne entr'elles, j'ajoute bientôt: le créateur de ces choses n'est pas seulement *puissant*, il est encore *infiniment sage.* Si après cela, je réfléchis sur les effets permanens de ces mêmes choses, sur le bien et l'avantage qu'elles me donnent tous les jours, et à chaque instant de mon existence.

Aux deux premières conclusions, j'ajoute cette troisième... Le créateur tout puissant, infiniment sage, est aussi un principe inépuisable *d'amour et de bonté.*

Ces raisonnemens ne sont certainement pas difficiles; ils ressemblent à ceux-ci : *voilà une horloge, donc il y a un horloger; voilà une machine très-belle, très-utile, donc elle a été faite par un ouvrier très-intelligent.*

Hé bien, malgré leur simplicité, il est beaucoup d'individus qui n'ont ni le tems, ni l'attention requise pour arriver d'eux-mêmes à ces résultats, et il y en a d'autres (en petit nombre, il est vrai, mais enfin il y en a), qui avec beaucoup d'attention et après beaucoup d'études, ont nié que le monde fût le produit d'une sagesse infinie, et l'ont attribué à des causes entièrement dépourvues d'intelligence, de sagesse et d'amour.

2°. Il est des vérités que la raison seule découvre, par la comparaison des élémens contraires. Ainsi en comparant la matière et la pensée, nous voyons clairement que ces deux substances sont des choses tout-à-fait différentes.

Ce travail ne paroît pas difficile non plus : il suffit d'examiner les facultés de l'ame, de considérer la nature de la raison, de la liberté de la pensée, puis de comparer ces principes, avec l'extension, la figure, la divisibilité, l'inertie, etc. pour être frappé de l'opposition qui est entr'eux ; mais il est beaucoup d'hommes incapables de développer toutes ces idées de les comparer, et il en est qui après les avoir bien développées, bien examinées, en tirent une conséquence toute opposée à la nôtre et soutiennent que la matière peut penser.

3°. Il en est de même de l'immortalité : la raison a beaucoup de motifs de croire que l'ame est immortelle (*), et ces motifs

(*) Cicéron a prouvé par le même texte la spiritualité de l'ame et son immortalité. Quoique ce texte soit généralement connu, on le lit, on le répète avec un plaisir toujours nouveau, et il doit trouver sa place dans tous les livres élémentaires. *Animorum nulla in terris origo inveniri potest : nihil enim est in animis mixtum atque concretum, aut quod ex terrâ natum, atque fictum esse videatur : nihil ne aut humidum quidem, aut flabile, aut igneum. His enim in naturis, nihil inest, quod vim memoriæ, mentis, cogitationis habeat ; quod et præterita teneat, et futura prævideat, et complecti*

sont si puissans, si multipliés, qu'on ne peut, à ce qu'il semble, élever un doute raisonnable sur cette vérité; mais le plus grand nombre n'est pas en situation de comparer, de réunir tous les principes qui l'établissent, et malgré ce qui a été dit jusqu'à présent pour prouver l'immortalité de l'ame, il est des hommes qui la contestent, plusieurs d'entr'eux disent encore.... cette doctrine est fondée uniquement sur la convenance de notre amour-propre et de l'intérêt social (*). Voilà

---

possit præsentia, quæ sola divina sunt, nec invenietur unquam unde ad hominem venire possint, nisi a Deo. Singularis est igitur quædam natura atque vis animi, sejuncta ab his usitatis notisque naturis : ita quidquid est illud quod sentit, quod sapit, quod vivit, quod viget, cæleste et divinum, ob eamque rem æternum sit necesse est.

Il n'est rien de plus profond, de plus magnifique, de plus exact, de plus concluant, mais après tout, ce n'est là que l'opinion d'un homme, elle a été combattue par d'autres, elle l'est tous les jours; on n'est pas obligé de l'admettre comme règle de croyance; la question est dans le même état que du tems de Cicéron; enfin l'immortalité n'est pas encore aujourd'hui un principe comme certains axiomes universels.

(*) Si l'on pouvoit prouver que l'état-présent de l'homme n'est que le commencement d'un systême

le *nec plus ultrà* de la raison humaine sur les premiers principes.

Avec un travail suivi, et une bonne logique, elle arrive à des preuves très-solides, et dont les résultats deviennent conviction pour un esprit droit et amant sincère de la vérité; mais ces preuves supposent des moyens acquis par l'étude, et d'ailleurs elles ne forment pas ce qu'on appelle des démonstrations rigoureuses (*).

---

plus étendu.... Nous pourrions conclure qu'il ne manque rien à la perfection du système moral; mais les sentimens *se trouvent partagés sur cette question importante*; quelques-uns soutiennent que la raison seule fournit des preuves claires et démonstratives, non seulement des peines et des récompenses d'une vie à venir, mais encore d'un état d'immortalité. D'autres, au contraire, prétendent qu'en ne consultant que la raison, on ne trouve qu'obscurité, incertitude, et que loin d'avoir ici une démonstration, on n'a même aucune probabilité qu'il y ait une autre vie.

BURLAMAQUI. *Principes du droit naturel, chap.* 13.

(*) Si l'on réfléchit sur la nature humaine, on reconnoît que des vérités démontrées ou intuitives ne peuvent encore appartenir à des créatures perfectibles; il est par exemple, dans l'ordre que le point le plus important de tous (l'immortalité de

Nous avons dit tout ce que peut la raison la plus instruite pour connoître les *principes*, sans lesquels il n'est pas de moralité; mais si nous voulons avoir une autre preuve de sa foiblesse et de son incertitude, il faut encore la suivre dans les *conséquences* éloignées, ou dans la *pratique* de ses devoirs.

On verra que, sous ce dernier rapport, elle ne régle pas non plus, d'une manière claire et précise, la conduite que l'homme doit tenir dans plusieurs circonstances *journalières* et très-importantes, soit vis-à-vis de lui-même, soit à l'égard de ses semblables.

— Cette assertion nous semble un paradoxe. La maxime, *ne fais pas à autrui ce que tu ne voudrois pas qu'on te fît*, comprend tous les devoirs de l'homme en société; ainsi, il

---

l'âme) ne se montre pas encore à leurs yeux avec tout l'éclat de l'évidence. En effet, si cette évidence existoit, le monde n'iroit pas comme il va, ou toutefois il n'auroit point l'organisation que nous lui voyons, les hommes ne prendroient point tant de peine de labourer la terre, de cultiver les sciences et les arts, la mort ne donneroit plus l'horreur qu'elle inspire, n'est-ce pas dire, en d'autres termes, que le système actuel des choses seroit entièrement changé

n'est pas vrai que la raison ne soit pas une règle sûre pour diriger l'homme dans la pratique de ses devoirs.

= Cette maxime est sans doute d'une très-grande sagesse ; mais ne comprenant qu'une certaine classe de devoirs, il s'en faut de beaucoup qu'elle soit suffisante.

Elle défend bien de nuire à autrui, dans sa personne et ses biens (en quoi elle est fondée sur la réciprocité qui n'est que l'amour de soi); mais ce n'est là qu'une simple recommandation ; or la plus légère connoissance du cœur humain, nous apprend que le meilleur conseil a un très-foible pouvoir sur l'homme, et ne peut imprimer à ses actions une véritable moralité. C'est ce que l'exemple va rendre sensible : la raison enseigne bien qu'on ne doit offenser personne, mais elle dit également que la défense est de droit naturel.

Ainsi la vengeance est prohibée et la défense est légitime : voilà deux propositions bien claires, bien distinguées l'une de l'autre ; mais, d'un autre côté, la séparation qui les divise est si foible, la vengeance et la défense se touchent malheureusement de si près, que la raison est presque toujours sans force pour les empêcher de se confondre ; aussi les hommes les plus sages n'ont pu parvenir à fixer la barrière qui doit toujours les tenir séparées. Cette séparation a toujours été un écueil pour le philosophe et le législateur. La plupart des anciens moralistes ont regardé la vengeance comme permise ; et Cicéron lui-même a été de cet avis, il a dit : *eum virum bonum esse qui prosit cuibus possit, noceat nemini nisi lacessitus injuriâ. De off. L.* 3 , *chap.* 29.

Les philosophes modernes se sont contentés de répéter à ce sujet ce qui a été dit par les anciens. Voici ce que nous lisons dans le Dictionnaire encyclopédique :

« La vengeance est naturelle : il est permis » de repousser une véritable injure, de se » garantir par là des insultes, de maintenir » ses droits, et de venger des offenses où les » loix n'ont point porté de remède ; ainsi la » vengeance est une sorte de justice, mais il » est bien de pardonner ».

Telles sont les décisions de la raison la mieux exercée sur la vengeance : *elle est permise, elle est légitime, c'est une sorte de justice.*

Or, il est trop palpable que de pareilles maximes sont fausses, destructives de moralité, dans une société d'êtres tous également pleins de vices, de foiblesse et d'une sensibilité portée à l'excès, par une imagination qui les trompe.

Mais pourquoi ces maximes sont-elles fausses? C'est que la raison ne peut s'élever jusqu'au principe de la moralité, ni en développer toutes les conséquences.

Si le génie de Cicéron, qui est allé plus loin que nul autre dans cette partie, se fût élevé jusqu'à cette hauteur, il se seroit bien gardé d'approuver l'action de celui qui se venge.

Aussi voyez Puffendorf; il parle sur cet article capital d'une manière bien différente: voici comme il s'exprime dans son droit de la nature et des gens, liv. 4, chap. 4. « Le » desir de la vengeance peut être innocent, » s'il ne renferme autre chose qu'une juste » défense, ménagée avec modération et avec » prudence, autant qu'il est nécessaire pour » se garantir soi-même ou les siens, ou pour » maintenir ses droits; mais hors de-là, c'est » une passion entiérement criminelle ».

Voilà de la rectitude, de la logique, du droit naturel, enfin voilà les choses remises à leur véritable place, *la défense est légitime et la vengeance est criminelle.*

Mais pourquoi trouvons-nous la décision de Puffendorf plus juste, plus vraie que les précédentes? C'est qu'il a raisonné d'après les principes dans lesquels il a été élevé, savoir que l'homme est comptable de toutes ses actions, et que la vengeance est immorale; il ne pouvoit plus d'après ces maximes, conclure, en bonne logique, que la vengeance étoit permise, sous tel prétexte que ce puisse être, ou il eût été obligé d'attaquer de front la disposition qui l'avoit mise dans la classe des délits, disposition qu'il ne pouvoit ignorer (*).

(*) On a beaucoup crié contre le droit d'asyle, et l'on a eu raison de s'élever contre l'abus qui s'en est fait. Mais il est certain que ce droit n'a été inventé que pour mettre une barrière entre l'offenseur et l'offensé, c'est ce qu'on peut vérifier par l'exemple de plusieurs pays chauds où ce droit est encore en vigueur. La vengeance y est si prompte et si terrible, que l'épaisseur du temple, le sanctuaire, le sacerdoce, en un mot tout ce qui est de plus sacré parmi les hommes, ont paru le seul moyen capable de l'empêcher. L'abus vient tout entier des lois civiles qui doivent agir malgré cette barrière, faite uniquement pour séparer un

2°. La

2°. La raison n'a pas réglé non plus l'usage légitime que l'homme peut faire de ses propres organes, ou le droit qu'il a sur lui-même.

Chez les anciens philosophes, le suicide a toujours été un sujet de dispute : les stoïciens le regardoient comme l'acte de la plus sublime vertu, les platoniciens le défendoient. Parmi les modernes, et meme chez les chrétiens, il en est qui ont voulu le justifier en certains cas. On met dans ce nombre, entre autres, le docteur Donne, doyen de S. Paul, de Londres, et il a été remarqué à l'occasion de ce dernier, que son ouvrage avoit été funeste à beaucoup de ses compatriotes, qui se livrant à la mélancolie, trop ordi-

---

homme justement irrité de son agresseur, et laisser au magistrat le tems de faire son devoir.

Ce n'est pas dans l'Eglise chrétienne seule que le droit d'asyle a existé ; Dieu avoit recommandé aux Juifs de bâtir quelques villes, dans cette vue ; on en trouve aussi des exemples dans l'histoire profane, tel que l'asyle de Thèbes institué par Cadmus, et celui du Mont-Palatin par Romulus : tout cela prouve que rien ne peut empêcher la vengeance qu'une loi supérieure à la raison, et que cette loi est nécessaire.

naire à la nation, ont trouvé ses raisons assez fortes pour se donner la mort.

Dans un livre qui a fait beaucoup de bruit, il y a quelques années, on lit pour et contre le suicide, deux lettres également éloquentes ; et après les avoir lues, l'esprit reste en suspens sans savoir à quoi se résoudre ; ainsi l'on peut dire que la raison n'a pas décidé cette question ; mais cependant elle est trop capitale pour rester indécise. On sait que si le suicide est rare chez le peuple et à la campagne, il est fréquent dans les grandes populations, chez les gens d'affaires et les ambitieux (*).

Je me borne, quant à présent, aux exemples que j'ai cités ; mais je serai encore dans le cas de vous rapporter ailleurs, d'autres questions importantes sur lesquelles la raison est embarrassée de prononcer (**).

Consultez à cet égard les publicistes, les jurisconsultes, les moralistes, ils vous diront

(*) Il est même des personnes qui, en se donnant la mort, ont invoqué la miséricorde divine, témoins Richard Schmit et sa femme qui se pendirent à Londres en 1732, après avoir tué leur enfant.

(**) « Quelle folie, dit Charron, de pénser vuider

que la souveraineté, la liberté, le mariage, le divorce, l'usure, etc. etc. donnent lieu tous les jours à de nouvelles difficultés, et qu'aujourd'hui la raison n'a pas plus fixé les principes de toutes ces matières, qu'ils ne l'étoient il y a deux mille ans.

Mais d'où vient cette indécision? le voici. C'est que dans les discussions de ce genre, la raison n'a pas toujours considéré l'homme comme un être *moral :* or, toutes les discussions relatives à la nature humaine, qui se feront hors du principe de sa moralité, donneront toujours des résultats douteux, ambigus, hétérogènes : on ne sortira d'un inconvénient que pour tomber dans un autre.

— Est-il bien nécessaire que tout homme professe quelques maximes fondamentales, par exemple, l'immortalité de l'ame, lors même qu'il est incapable de les expliquer ou les développer?

» les choses par la raison, et y apporter une cer-
» titude dernière.

» Y a-t-il chose plus diverse, plus ondoyante que
» le jugement de la raison humaine. Ne le voyons-
» nous pas dans toutes les opinions des philosophes,
» où chacun d'eux se trompe, et où chacun croit
» avoir la raison pour soi?

= 1°. Réfléchissez s'il seroit conforme à la première idée d'ordre, qu'un être reconnu moral passât néanmoins toute sa vie sans professer ce principe.

Il y auroit en cela inconséquence, ou plutôt contradiction; si l'éducation, comme nous l'avons prouvé, est nécessaire à l'homme, elle doit au moins lui donner les premières notions de sa nature. Il est impossible, s'il est instruit dans ces maximes, qu'il ne réfléchisse ensuite par lui-même, et n'en tire les conséquences qui en sortent naturellement; s'il n'en étoit pas ainsi, il ne connoîtroit pas le premier principe de sa perfectibilité, et ne pourroit travailler à sa perfection.

2°. Réfléchissez si la plus petite réunion d'individus, tous pleins de passions et de besoins, pourroit subsister, si elle ne reconnoît une autre vie.

L'immortalité n'est si bien célébrée nulle part que chez les peuples simples, et sans doute c'est un bienfait manifeste de la providence; sans ce dogme, leur société seroit impossible, et toutes les institutions du monde ne pourroient y suppléer.

Or, en bonne logique, quand une chose ne peut exister sans l'autre, on doit en conclure que celle-ci est aussi vraie que celle-là. Celui qui veut la fin, veut nécessairement aussi le seul moyen qui conduira à cette fin.

— Je conçois que la plus petite société ne peut exister, si elle ne croit aux récompenses et aux peines d'une autre vie ; que des hommes sans culture ne peuvent, par leur seule force, développer les principes qui conduisent à cette vérité ; mais il est un moyen très-efficace de produire cet effet, c'est de publier ces maximes, de faire dans chaque pays des lois, par lesquelles il sera ordonné à chacun d'y croire.

= Cette question (d'un très-grand intérêt) sera la matière de la conférence suivante.

Dans celle-ci, nous avons étudié la nature de la raison, et constaté : 1°. Qu'elle est perfectible.

2°. Que quoique la même pour tous dans son essence, elle y est cependant bien différente par les degrés de développement qu'elle reçoit.

3°. Que lorsqu'elle reste inculte, elle donne peu de fruits, ou des fruits très-âpres.

4°. Enfin, que sur des points très-importans, elle est indécise.

De ces observations fondées sur ce que

chacun peut vérifier très-facilement, nous concluons..... 1°. La raison est une faculté capable de porter l'homme à un degré très-éminent, mais elle n'est pas un code ouvert à tous, où le plus simple, le plus inculte trouvera ses devoirs écrits en caractères qu'il ne puisse méconnoître.

2°. Enfin, la raison n'étant qu'une faculté plus ou moins grande, selon la culture qu'elle a reçu, elle ne peut toute seule faire de l'homme un être véritablement moral, ou pour parler avec plus de précision, elle ne peut produire la moralité *actuelle et effective.* Cette conclusion sera développée de plus en plus dans les conférences suivantes.

CONFÉRENCE II.

Sur les Maximes fondamentales et les Mœurs.

—EXAMEN de cette question : celui qui a le pouvoir de faire des lois, peut-il aussi créer des maximes fondamentales et des mœurs ?

= Nous avons démontré dans la conférence précédente l'insuffisance de la raison sur les principes de moralité et leurs conséquences ; mais selon vous, il suffit, dans chaque pays, d'établir par des lois les maximes fondamentales, sans lesquelles notre société ne peut exister ; nous allons examiner cette question, une des plus importantes de la science sociale.

L'unique objet des lois civiles est l'ordre public ; elles doivent être obéies en tout ce qu'elles ordonnent et défendent ; si donc il y en a une qui reconnoisse, par exemple, l'immortalité de l'ame, il sera défendu de prêcher publiquement une doctrine contraire ; mais observez que toutes les lois de ce monde n'ont aucun droit sur les opinions. Leur empire se borne à la place publique et n'atteint pas l'individu retiré dans ses foyers. Or, supposez celui-ci imbu des maximes du matérialisme; croyez-vous qu'il fera grand cas, pour son propre compte, d'une loi qui aura reconnu l'immortalité de l'ame; et si cet homme est agité de la manie du prosélytisme, l'empêcherez-vous de parler et d'écrire? Les lois doivent supposer les maximes, mais jamais les établir. Si le législateur fait autrement, il ôte à son ouvrage ce qui en fait le principal appui, il affoiblit ses lois en laissant appercevoir le motif qui le dirige; et de vérités éternelles que sont et doivent toujours être les principes, ils ne deviennent plus que des lois politiques, maxime non seulement fausse, mais dont les suites peuvent être très-dangereuses.

Ce danger ne sera peut-être pas sensible chez une nation simple et dans son enfance, où il n'y a pas encore de lettrés, mais ses effets seront extrêmement funestes chez une nation devenue toute entière philosophe, où les enfans de toutes les classes poussés comme les arbustes dans des serres-chaudes, disputent sur tout, et veulent qu'on leur rende compte de tout; c'est chez ces nations principalement que les loix doivent avoir toute la force dont elles sont susceptibles ; c'est-là sur-tout qu'il importe de montrer qu'il est des types primitifs, éternels, antérieurs à ces mêmes lois, et qui font la base nécessaire de celles-ci (*).

— Je conçois que le législateur n'a aucun droit sur les opinions des particuliers, mais il en a sur les actions ; et pourvu que celles-ci, par l'effet des bonnes lois, soient constamment dirigées vers le bien public, tout est dans l'ordre, peu importe ensuite quelles soient les opinions des individus.

= C'est là une très-grande erreur : l'ordre social ne repose point sur les actions publiques : celles-ci, sont bien la moindre chose, il suffit de la police pour les obtenir ; l'ordre social est attaché essentiellement aux actions domestiques, c'est-à-dire aux bonnes mœurs ;

(*) Dans les troubles du luthéranisme, le magistrat d'une ville libre, ayant décrété, le peuple assemblé, la suppression du purgatoire, quelqu'un de la foule s'écria : puisque l'on est en train de supprimer, il vaut beaucoup mieux supprimer l'enfer, et de-là des éclats de rire sur le décret. Voilà quels ont toujours été les résultats de pareilles mesures, dans les pays où toutes les sciences sont mises à la discussion.

mais les lois civiles n'ayant aucune influence sur ces sortes d'actions, il en résulte que celles-là seules, ne peuvent former les bases de la société.

Le législateur, par exemple, défendra l'usure sous les peines les plus graves; mais quel effet produira cette loi, si ceux contre qui elle est faite ne se croient responsables à une autorité supérieure à celles des hommes. L'usure est un délit qui se consomme toujours dans les ténèbres, et se cache dans le titre même qui lui donne l'existence, les loix civiles ne peuvent l'atteindre; il faut donc lui opposer d'autres moyens, si l'on veut sérieusement modérer ses excès.

Il en est ainsi de toutes les autres manœuvres souterraines qui minent l'édifice social, elles savent bien éluder les loix, tromper l'œil vigilant du magistrat; celui-ci pour l'ordinaire, n'a à venger que les délits grossiers, qui sont moins l'effet de la réflexion que celui des passions violentes, ou d'une mauvaise éducation, et dans la classe des maux qui affligent la société, ces violations grossières sont les moins à craindre, leur aspect hideux et dégoûtant révolte les hommes les plus incultes, et ceux-là même qui sont malheureusement disposés à les commettre. — Si cette réponse étoit juste, il s'ensuivroit que celui qui donne des loix à une nation, ne peut également lui donner des mœurs; mais cette conséquence est aussi fausse que contraire à l'ordre. Un code où seront exposés les maximes primitives, et les devoirs principaux des hommes entr'eux, une bonne éducation qui portera à la vertu, éloignera du vice, etc. tous ces moyens ont dans tous les tems produit les bonnes mœurs, et ils appartiennent sans contredit à la législation.

= 1°. Il a été dit dans le premier Livre de cet ouvrage, au chapitre de l'Impressibilité, que les bonnes institutions avoient la vertu de corriger, adoucir et perfectionner l'homme; que les mauvaises pouvoient l'avilir, le corrompre. Ainsi l'on ne prétendra pas ici, que le magistrat ne puisse sous cet aspect apporter de très-grands avantages, faire le plus grand bien à la société; mais l'on soutient que tout seul il ne peut parvenir à ce but important, et qu'il n'y parviendra jamais, si lui-même ne reconnoît une autorité supérieure et ne s'y conforme le premier. Pour établir la vérité de cette assertion, il suffit d'examiner au juste ce qu'on doit entendre par ces mots *moralité* et *mœurs*.

La moralité est une qualité qui rend les actions conformes ou non conformes à une règle primitive qui les a ordonnées, permises, ou défendues ; c'est donc cette qualité seule qui les rendra bonnes ou mauvaises, sans aucune considération de ce que les hommes peuvent avoir statué à cet égard : donc les loix et les mœurs viennent de deux principes d'une nature différente ; donc aussi, une action conforme à la loi, peut être *mauvaise*, et *une* autre qui lui sera contraire, peut être moralement *bonne* : c'est ce que je vais expliquer par des exemples.

L'homme qui par force réduit son semblable à l'état d'esclavage, le maître qui maltraite ou tue son esclave, commet une action immorale et mauvaise en soi, quoique la loi de son pays la permette ou la tolère ; ainsi un Spartiate qui excédoit ou tuoit un Ilote, commettoit un crime réel, quoi qu'il fût autorisé ou impuni.

Il en est de même d'un Chinois qui expose son enfant, ou de l'habitant du Sénégal qui vend son fils aux marchands d'Europe, ces actions quoique conformes au droit public de ces contrées, n'en sont pas moins des délits, puisqu'elles sont contraires au droit naturel; et par la vérité de la proposition contraire, celui qui favoriseroit la fuite d'un prisonnier fait esclave par des pyrates d'Alger, ou sauveroit un esclave que son maître veut tuer, feroit une action moralement bonne en soi, quoique non permise par les loix de ces pays, parce qu'elle seroit conforme au droit naturel.

2°. Il est des actions sur lesquelles le législateur n'a et ne peut avoir aucune jurisdiction, et qui ont leur moralité tout aussi bien que les autres, ce sont celles qui ont lieu dans le secret. Cela posé, je raisonne ainsi: les actions de cette classe n'étant pas réglées par la loi civile, de quelle source proviendra leur moralité? Elle ne peut venir que de leur rapport avec une loi supérieure qui parle à l'individu dans tous les instans, dans toutes les situations, étant évident qu'il n'est pas d'autre règle avec laquelle nous puissions les comparer. Or, ce sont les actions secrètes et domestiques qui constituent essentiellement ce qu'on appelle bonnes ou mauvaises mœurs, et non celles qui ont lieu en présence de témoins; car il est possible (et nous le voyons tous les jours) que l'individu conforme sa conduite extérieure à la loi de son pays, et soit foncièrement un homme très-vicieux, très-immoral; donc les bonnes mœurs ne sont pas les effets directs de la loi civile.

Ce principe, si l'on y fait attention, a été reconnu par tous les peuples de la manière la plus solemnelle, et comme par la force d'un sentiment intime, qui est la plus forte de toutes les preuves : il n'est pas de proverbe plus ancien que celui-ci, *que sont les loix sans les mœurs?*

Or, que ne prouve pas un assentiment aussi universel? Il justifie que dans tous les tems on a senti, l'on a été intimément pénétré que les mœurs sont au-dessus des loix, que celles-là proviennent d'un principe antérieur à celui qui produit celles-ci, et enfin que celui qui fait les unes ne peut également faire les autres. Non, il n'est pas de maxime plus ancienne, et plus généralement professée, mais que sera-ce à plus forte raison des autres institutions secondaires, et que l'on donne si volontiers en supplément des principes, je veux parler des usages, des manières, des préjugés, de l'honneur, d'une bonne éducation? etc.

En accordant que ces moyens dirigés avec

sagesse sont bons en eux-mêmes, qu'ils tendent à rendre les hommes meilleurs, tous leurs effets ne peuvent aller qu'à les polir, qu'à les façonner, qu'à donner à leurs actions de belles apparences, telle tournure ou modification plutôt que telle autre; mais ils sont incapables de leur imprimer la moralité, de faire les bonnes ou mauvaises mœurs (*).

— Vous avez démontré que la société ne peut exister sans maximes et sans mœurs, et vous prétendez que les loix ne peuvent créer ni les unes ni les autres, dites-nous donc quel est le fondement des maximes et des mœurs?

= Les maximes et les mœurs, qui en sont les effets, ne peuvent être produites que par une loi supérieure à la raison, c'est-à-dire, par la loi révélée. Je dis par la révélation...

(*) Il faut prévenir ici d'une singularité propre à la langue française, c'est que *bonnes mœurs* et *mœurs* ne sont pas des termes synonymes. Les *bonnes mœurs* sont les bonnes actions, les *mœurs* sont les usages d'une nation. Voyez ce qui a été dit dans la conférence neuvième du premier livre.

mais à ce mot seul, je vois se réveiller toutes les disputes, toutes les querelles, et peut-être même des passions.

Selon quelques-uns, la révélation est une absurdité, un effet de l'ignorance et du despotisme.

D'autres ont les mêmes principes, mais cependant ils veulent que la politique laisse cette croyance aux peuples, et regardent comme extrêmement dangereux de leur ôter cette erreur salutaire.

D'autres affirment que Dieu s'est révélé aux hommes, et accusent de pécher contre la vérité de l'histoire ceux qui n'y croient pas.

Parmi ces derniers, il y a un grand nombre de dissidens, sur des objets particuliers et des conséquences éloignées, mais toutes leurs divisions et même leurs passions n'ont servi qu'à montrer dans tout leur éclat les preuves de l'existence de la révélation, ils sont tous d'accord sur le grand principe.

Ce grand procès, qui n'a pas été connu dans les écoles anciennes, se plaide depuis dix-huit siècles, depuis ce tems il est soutenu, débattu entre les premiers lettrés de tous les pays, et principalement chez les peuples du monde où tous les genres de sciences ont été le plus cultivés. Voilà, il faut en convenir, la dispute la plus singulière, la plus digne d'intérêt pour l'homme qui réfléchit, à qui son sort et celui de l'humanité ne sont pas indifférens.

Mais ce qu'elle présente de vraiment curieux, c'est que ceux qui affirment le fait de la révélation, sont en très-grand nombre contre ceux qui la nient; qu'ils n'ont pas moins de lumières et de vertus que leurs antagonistes; que depuis dix-huit siècles, ils ne se bornent pas à persister dans leurs opinions, et à réfuter leurs adversaires, mais qu'ils font tous les sacrifices imaginables, celui de la vie même, plutôt que de renoncer à leur croyance.

Enfin, ce qu'on ne peut assez admirer, ce qui distingue d'une manière toute spéciale, ces nouveaux philosophes des anciens, c'est qu'ils agissent ainsi, non d'après des argumens, des probabilités ou des preuves, non, pour soutenir des systêmes dont ils sont les auteurs, mais comme des témoins qui ont vu, entendu, et ont la conviction la plus intime du fait dont ils déposent. Il n'est sans doute rien dans le monde qui doive frapper davantage l'attention de l'esprit humain.

Quant à nous, nous n'entrerons pas dans cette controverse, où tout est dit, où tout semble épuisé, et qui d'ailleurs n'entre pas dans notre plan ; mais nous croyons devoir aborder la question sous un autre point de vue, nous avons cru devoir remonter aux principes de toutes les difficultés comme de toutes les autres choses, c'est-à-dire, à Dieu et à l'homme.

Nous examinerons donc avec l'impartialité et la rigueur dont nous sommes capables, non pas si la révélation s'est faite, mais si elle est dans l'ordre d'une créature telle que l'homme, ou si elle implique avec lui.

Nous demanderons qu'est-ce que Dieu, relativement à l'homme ; qu'est-ce que l'homme, relativement à Dieu, sans la révélation ?

Ces questions majeures appartiennent sans doute au droit naturel, à cette science qui découvre par la raison tout ce qui est dans notre nature, tout ce qui lui est contraire, et nous ne nous flattons pas de dire tout ce que comporte un si vaste sujet.

CONFÉRENCE III.

Sur la nécessité de la Révélation.

Je n'entends pas ici par loi révélée, un rituel ou un recueil de cérémonies religieuses, mais j'entends une loi intimée par Dieu aux hommes, laquelle explique la raison dans le cas où elle est douteuse, et la sanctionne dans ceux où sa lumière est déjà certaine. La loi révélée est une suite nécessaire de la nature humaine; sans elle, l'homme n'est plus un être moral; sans elle, tout ordre moral est impossible.

— Dieu n'a rien fait d'imparfait ni d'inutile, et dès qu'il a donné aux hommes la loi naturelle, il n'est pas dans l'ordre qu'il leur en ait donné une autre.

— Avant de faire cette assertion, réfléchissez sur ce qui a été dit jusqu'ici, et par-dessus tout, soyez conséquent avec vos propres principes, ou du moins avec ceux dont vous êtes convenu.

1°. Qu'est-ce que la loi naturelle? C'est sans doute l'assemblage des maximes de la raison ; or, vous avez regardé comme démontré dans les conférences précédentes, que cette faculté, malgré son excellence, n'est cependant pas suffisante pour être la seule règle des hommes ; donc vous êtes forcé de conclure de même, à l'égard de la loi naturelle.

2°. Quand la raison humaine seroit supérieure à ce qu'elle est, quand ses effets, ses miracles surpasseroient tout ce que nous en voyons, il suffit de réfléchir sur sa nature, pour être convaincu qu'elle n'est pas, et ne peut être une loi. En effet, la raison est une faculté perfectible et qui a des gradations ; mais il est contre l'essence des choses qu'une faculté perfectible soit une loi. Il implique qu'une loi ait des gradations, soit autre pour *Pierre*, autre pour *Paul* ; il est nécessaire qu'elle soit une, claire, la même pour tous sans distinction. Où ne sont pas réunis ces caractères essentiels, il n'y a pas de loi ; donc il n'y a pas de loi naturelle *proprement dite*, excepté dans les cas où l'évidence se montre à nos yeux, et lesquels sont en très-petit nombre, comme je l'ai observé ci-dessus.

3°. Selon vous, il implique contradiction

que Dieu ait donné la loi naturelle et en même tems une autre loi : mais encore un coup, soyez conséquent avec vos principes.

Ils sont précisément ces principes, que Dieu n'a rien créé d'imparfait ; or, l'homme étant évidemment imparfait, et pouvant encore dégénérer, il est de la sagesse par excellence de le tirer de cet état, pour le conduire à la perfection.

4°. En supposant que Dieu auroit pu créer des êtres imparfaits, et que sous ce rapport tout seroit pour le mieux, il répugne au moins à sa bonté d'avoir créé un être *malheureux*, et s'il en est un dans ce dernier cas, sa justice doit lui faire connoître le terme de ses maux.

5°. Le résultat des méditations les plus profondes sur la nature humaine, c'est que..... *quod cogitat cœleste est et divinum, ob eamque rem æternum* ; mais si ces propositions sont vraies, en quoi répugne-t-il que Dieu se communique à l'homme? Loin de là, tout implique en lui, si cette communication n'existe pas, et il est bien faux que le principe de la penssée soit céleste et divin.

Il suffit donc d'admettre l'immortalité de l'ame, pour en conclure la nécessité de la révélation ; celui qui admet l'une, et ensuite nie l'autre, est contradictoire avec lui-même. Mais allons plus loin, ce n'est pas assez d'établir que la révélation n'est pas contraire à l'ordre, ce seroit laisser notre discussion imparfaite : il faut en outre démontrer que sans elle, cet ordre seroit entiérement détruit, et c'est ce que nous allons faire en peu de mots, nous étant prescrit de nous borner aux seuls moyens que nous fournit la plus simple logique.

Si l'être suprême ne s'est pas révélé à l'homme, il n'y a en lui ni justice, ni bonté, ni providence, c'est-à-dire, en d'autres termes, il n'existe pas : oui, si Dieu ne s'est pas révélé à l'homme, il est pour celui-ci ce que ne seroit pas le père le plus insensible, le plus dénaturé. Que diriez-vous de celui qui, après avoir donné naissance à un enfant, l'abandonneroit à sa foiblesse, sans s'en inquiéter davantage, sans lui donner le moindre soin, la moindre instruction, ne seroit-ce pas là, donner la vie à un être précisément pour le perdre et le détruire ? ne dirions-nous pas, ce pére viole les premiers devoirs de la nature, il est au-dessous des bêtes ; celles-ci soignent leurs petits jusqu'au moment où ils ont assez de force pour se passer d'elles. Voilà cependant le modèle sur lequel forment l'être suprême ceux qui nient la révélation; ils nient sa sagesse, sa bonté, sa providence, c'est-à-dire, ils nient qu'il y ait un Dieu, ou ils font de lui une puissance monstrueuse, un saturne qui n'a créé que pour le plaisir de torturer sa créature depuis sa naissance jusqu'à sa mort. Ainsi, sans aucun moyen surnaturel, avec la série d'un très-petit nombre d'idées extrêmement simples, on démontre que sans la révélation, tout ordre est impossible. Mais la révélation s'est-elle faite, en quel tems, à quelles époques, et par quels moyens ou phénomènes? Quels sont les articles révélés, quelles erreurs s'y sont mêlées? tous ces objets sont du ressort d'une autre science; mais sans le secours de celle-ci, la raison voit clairement la nécessité de la révélation fondée sur ces propositions.... S'il y a un Dieu, il y a une providence; s'il y a une providence, elle s'est révélée. Ce raisonnement n'est que la conséquence immédiate de l'universalité des perfections, sans laquelle la divinité n'existe pas. *Dieu*, *providence*, *révélation*, sont des idées correlatives, toutes inséparables les unes des autres.

Si l'on part d'un autre point, je veux dire, si l'on admet que l'homme est un être libre et moral, on parviendra au même résultat, et cela par un moyen aussi simple et aussi infaillible que le premier.

En effet, qu'est-ce que la moralité? Ce n'est pas précisément la *raison* et la *liberté*; ces deux facultés sont bien ce qui constitue un être moral de sa nature, mais elles ne font pas la moralité actuelle et effective. Celle-ci est la conformité ou la non conformité de telles ou telles actions individuellement prises, à une règle supérieure à laquelle ces mêmes actions sont soumises; c'est une qualité qui les rend concordantes ou discordantes avec cette règle, par conséquent *méritoires* ou *déméritoires*, susceptibles de louange ou de blâme : or, qu'est-ce qui peut imprimer cette qualité aux actions humaines? Il n'y a qu'une loi intimée par Dieu aux hommes. Si l'être suprême n'a point donné cette loi, l'homme ne se rend digne d'aucune louange vis-à-vis de son supérieur, puisque celui-ci ne lui a rien ordonné; il ne mérite de sa part aucun blâme, puisqu'il ne lui a rien défendu. Quel reproche un maître pourroit-il faire à son serviteur, un père à son fils, s'il ne lui a donné aucun ordre? donc si Dieu n'a pas intimé sa volonté expresse à l'homme, les actions de celui-ci ne sont susceptibles d'aucune moralité; donc aussi le dogme des peines et des récompenses n'existe pas, ou il n'est qu'une chimère.

Telles sont les conséquences qui résultent du défaut d'une loi révélée, elles conduisent droit au matérialisme pur. Aussi n'est-ce pas de la sorte que l'histoire de la création nous parle du premier homme, elle ne se borne pas à dire que Dieu l'a *fait à son image*, elle ajoute qu'aussitôt le créateur lui a donné *sa loi*, et cela devoit être ainsi, afin qu'il méritât ou déméritât selon que ses actions y seroient conformes ou non.

Si la révélation ne m'apprenoit pas que Dieu a donné cette loi, j'avoue que ma raison seroit confondue; je ne comprendrois pas comment l'homme seroit une créature morale, susceptible de louange ou de blâme, et les systêmes qui voudroient lui donner cette qualité s'écrouleroient d'eux-mêmes.

Ces vérités n'ont pas eu chez les anciens tout le développement qu'on leur a donné depuis (et elles ne pouvoient pas l'avoir); mais cependant elles ont toujours été reconnues d'une manière implicite, c'est-à-dire, par la force du sentiment, ou plutôt par la nécessité des choses; elles ont été, ces vérités, la base sur laquelle tous les législateurs ont fondé leurs ouvrages.

Aucun d'eux ne s'est fié à la sagesse de ses loix ou à la force de ses armes, ils ont tous eu des commerces avec la divinité, tous ont fait parler des oracles, tous enfin se sont dits envoyés de Dieu. N'est-ce pas là un aveu formel et unanime de la nécessité de la révélation pour l'ordre social? n'est-ce pas reconnoître l'insuffisance de la politique?

Celui qui le premier, au dire de Cicéron, a fait descendre la philosophie du ciel pour l'introduire dans le gouvernement des familles, Socrate, a été d'avis que sans la révélation, l'homme ne sauroit jamais comment se conduire soit envers Dieu, soit envers ses semblables. Voyez dans Platon le dialogue *De voto: necesse est expectare donec discatur quemadmodum ad deum atque ad homines habere se deceat.*

Les auteurs les plus distingués qui ont écrit sur le droit naturel, les Grotius, les Puffendorf et autres qui ont travaillé pour la civilisation du genre humain, sont partis du même principe.

Burlamaqui après avoir établi l'empire de la loi naturelle par tous les moyens que fournit une savante dialectique, termine par conclure que le droit naturel n'est qu'un systême insuffisant, s'il n'est fondé sur la révélation ou sanctionné par elle.

Voici ses termes : « En même tems que l'on » doit reconnoître la réalité et la certitude » de ces principes (du droit naturel), il faut » avouer que si l'on en demeuroit là, ce se- » roit s'arrêter à moitié chemin, ce seroit » vouloir mal à propos établir un systême de » morale indépendament de toute religion; » car, quoiqu'un tel systême ne fût pas des- » titué de tout fondement, il est pourtant » vrai qu'il ne sauroit par lui-même produire » une obligation aussi efficace, que si l'on y » joint la volonté de Dieu ». Il y a dans cet ouvrage plusieurs autres textes conformes à celui-ci. Tel sera le résultat de toutes les dissertations où l'on examinera avec impartialité si la raison est une loi, si l'homme n'en a pas besoin d'une autre, si une société d'êtres moraux peut être solidement constituée sans la révélation; mais cette conséquence sera infailliblement tirée aussi par tout homme de bonne foi qui veut sincérement des mœurs et réfléchira sur *ce mot;* en effet, qu'il me permette de lui demander ce qu'il entend par cette expression. Il répondra..... les bonnes mœurs sont l'observation des préceptes de la loi naturelle, gravés dans tous les cœurs, et connus de tous les hommes.

Voilà qui est fort bien, mais 1°. ce qui a tant de variations (lui demanderai-je à mon tour), ce qui est tel dans un individu, tel dans un autre, tel au midi, tel au nord, est-il vraiment une loi gravée dans tous les cœurs?

2°. J'admets qu'il y a quelques principes généraux connus de tous les hommes, mais leurs conséquences le sont-elles aussi? Non, chacun en tire qui sont différentes et même opposées; donc l'on ne peut pas dire qu'il y ait pour l'homme une loi naturelle proprement dite.

— Selon vous, la révélation est dans l'ordre nécessaire des choses; donc elle s'est faite à tous les peuples, à tous les hommes : mais cette conséquence est détruite par les faits, la loi prétendue révélée n'éclaire qu'une très-foible partie du genre humain ; donc elle est une pure invention, un système comme tant d'autres, imaginé par la politique.

= Cette objection considérée toute seule, est spécieuse au premier apperçu ; mais si vous la discutez, si vous ne perdez point de vue ce qui la précède, vous verrez qu'elle a plus d'apparence que de solidité.

1°. Si la révélation est nécessaire, elle existe sans doute : ces deux propositions n'en font qu'une. Il suffit de réfléchir sur le mot *moralité*, pour en être convaincu ; moralité et révélation sont des idées inséparables.

2°. Tout homme conserve des restes de la révélation primitive, rien n'est plus vrai ; s'il en étoit autrement, il n'éprouveroit ni crainte ni espérance, à la suite de toutes ses actions.

3°. L'homme n'est pas seulement susceptible de perfection ; il ne l'est pas moins de dépravation, il peut dégénérer à un tel point que sa raison ne connoîtra plus les règles de ses devoirs, que sa conscience sera erronée, enfin que pour lui, la lumière de la révétion primitive, sera presque entiérement éclipsée.

C'est ce qui est justifié par l'histoire du

genre humain, et notamment par celle des peuples anciens de notre continent.

4°. Il est évident aussi que nulle puissance ne peut retirer l'homme de cet état malheureux et contre nature, que l'auteur de la moralité lui-même.

5°. La loi est nécessaire pour imprimer aux actions une moralité actuelle : voilà une *première règle ;* mais la loi n'ayant aucune force sans promulgation, elle sera obligatoire pour ceux-là seulement à qui elle aura été notifiée : voilà une *seconde règle*, toute aussi claire, aussi sûre que la première.

Ces propositions deviendront des vérités démontrées pour celui qui les méditera ; mais si après cette démonstration, on lui propose sur les conséquences, des difficultés embarrassantes, quel parti doit-il prendre ? abandonnera-t-il le certain pour se jetter dans le vague des doutes ? embrassera-t-il des systêmes où il y a des difficultés mille fois plus insolubles que dans l'opinion qu'on lui conteste ?

C'est ce que nous allons examiner, il vous arrivera souvent d'être dans cette position, (la vérité n'est jamais sans être combattue ;) vous ne pouvez donc assez vous pénétrer de la conduite que vous aurez à y tenir.

CONFÉRENCE IV.

Règles à suivre dans le cas où l'esprit humain ne peut développer toutes les conséquences qui dérivent d'un principe connu.

IL ne nous est pas donné de connoître toutes les choses d'une manière évidente, ou de les expliquer de façon à lever tous les doutes. Ce pouvoir n'est pas dans la nature des êtres perfectibles; mais notre impuissance à cet égard est-elle un motif suffisant pour nous faire rejeter les premières vérités que nous avons démontrées, et dont la démonstration reste toujours dans son entier; enfin pouvons-nous abandonner nos principes par cela seul que nous ne pouvons clairement expliquer tout ce qui leur est relatif?

Nous allons examiner cette question d'*ordre* dans toutes les sciences humaines.

La grande objection que l'on fait contre la providence, c'est le mal physique et moral qui afflige l'humanité; c'est la bisarre et absurde distribution des biens et des maux, en un mot, c'est le desordre de ce monde.

Tous les jours aussi nous voyons nier la révélation, sur le fondement qu'elle ne paroît pas avoir été manifestée à tous les peuples.

Il faut en convenir, au premier apperçu, ces deux objections isolément prises et sans considérer l'ensemble du systême moral, peuvent embarrasser l'esprit; mais si l'on remonte aux principes, et si l'on suit l'enchaînement de ceux-ci, la solution de celles-là se présente d'elle-même avec un résultat des plus satisfaisant : or, voici ces principes résumés en peu de mots.

L'idée de justice est inséparable de l'idée de l'être suprême; si Dieu n'est pas essentiellement juste, il n'y a pas de Dieu: or, celui qui nie la providence, fondé sur le désordre du monde, accuse Dieu d'injustice, d'incapacité ou d'indifférence sur le sort des hommes, et par-là il nie son existence; cette conclusion est inévitable, car l'idée d'un être suprême exclut nécessairement le plus petit des défauts.

Celui au contraire, pour qui Dieu est la source infinie de toutes les perfections, reconnoîtra en lui la justice par excellence. Cela posé,

posé, voyons comment ce dernier conciliera avec un Dieu souverainement juste, les maux de la nature et les injustices des hommes : le triomphe du crime, les malheurs de la vertu, choqueront ils sa raison, embarrasseront-ils son esprit ? Oui sans doute, tout autant que le premier ; mais en conclura-t-il comme lui, qu'il n'y a pas de providence ? Non, voici au contraire son raisonnement.

L'homme est une créature libre et immortelle, l'être suprême est juste, donc il punira l'abus de la liberté, récompensera son bon usage, et l'ordre sera rétabli.

Voilà qui est fort bien, lui dira-t-on, mais ce sont-là des mots très-insignifians : comment peut-on appeller ordre moral, comment peut-on dire qu'il est gouverné par un principe de puissance et de sagesse, ce monde où tout est inégalité, contradiction, foiblesse, oppression, où il n'y a évidemment de règle que l'astuce, l'audace ou un aveugle destin ?

Il répondra : ce tableau est vrai, mais plus il est affreux, plus les résultats qu'il présente sont révoltans, plus il montre la nécessité de la providence. Un Dieu, quelle que soit l'idée qu'on se forme de la divinité, n'a pu produire un désordre *naturel*, et s'il permet celui-ci, ce ne peut être que pour un tems et pour cause. Vous avez reconnu comme une vérité démontrée, au seul aspect de cet univers, qu'il avoit été créé non-seulement par le principe de la puissance, mais encore par celui de la sagesse et de la bonté.

Ainsi, l'idée seule des maux et des désordres *sous un Dieu*, me donne celle de leur réparation dans un tems ou dans un autre.

Telle est la conclusion de celui qui admet dans l'être suprême toutes les vertus réunies, mais cette conclusion n'est-elle pas plus logique, plus régulière que celle de son adversaire ? En effet, je le demande à ce dernier : sur quoi fonde-t-il la sienne ? En supposant qu'il n'est ni athée, ni matérialiste (avec ceux-ci il ne peut être question de droit naturel), il la fonde sur de simples apparences : or, il n'est pas de principe plus trompeur et plus faux.

S'il se plaçoit dans la réalité, il verroit 1° que le mal ou l'imperfection n'est point en soi contradictoire avec une nature perfectible, que des êtres libres peuvent dégénérer, que les désordres de l'état social viennent des hommes eux-mêmes, c'est-à-dire, de l'abus de leur liberté, il verroit distinctement que des agens moraux sont responsables de leurs actions; que déjà dans ce monde, les pervers sont déchirés par des remords, et souvent atteints par la peine qui les suit au pas tardif, et de ces prémices il déduiroit infailliblement la nécessité de la providence. 2°. S'il vouloit raisonner conséquemment au principe d'un être suprême, infiniment sage, il parviendroit aux mêmes résultats; il verroit que sans providence ou sans justice, il se fait une divinité sans yeux, sans oreilles, enfin qu'il construit un Dieu de pierre ou de bronze.

Ce qui vient d'être dit sur la difficulté à laquelle donnent lieu contre la providence, les maux de la nature et de la société, s'applique aussi à l'objection contre la révélation, motivée sur ce que par le fait tous les hommes ne lui obéissent point, 1°. ceux qui la connoissent, sont libres de s'y soumettre ou non;

2°. Quant à ceux qui n'auront pu en avoir connoissance, il est sensible qu'elle ne sera point obligatoire pour eux;

3°. Mais en supposant que je ne puisse résoudre complettement toutes les autres difficultés qu'on pourroit me faire sur le même sujet, que résulte-t-il de mon impuissance?

Il en résulte qu'il ne m'a pas été donné de connoître toute la plénitude du système moral, mais certainement l'on ne pourra en conclure que les propositions par lesquelles on a prouvé ci-devant la nécessité de la révélation, soient fausses ou absurdes (*).

C'est ainsi que le désordre du monde, tout choquant qu'il est pour notre raison, ne détruit pas la providence, après qu'on nous a démontré que sans celle-ci il n'y a pas d'Etre-Suprême. La providence étant prouvée, la révélation l'est aussi, l'une est la suite de l'autre.

Tous les jours il arrive dans les sciences physiques, que les hommes les plus savans ne

---

(*) «Il y a bien de la différence entre voir, *qu'une* » *règle est absurde et ne savoir pas tout ce qui la re-* » *garde*, contre une *question insoluble touchant une* » *vérité et une objection insoluble contre une vérité*; » quoique bien des gens confondent ces deux diffi- » cultés, il n'y a que celles du dernier ordre qui » prouvent que ce qu'on prenoit pour une vérité » connue, ne sauroit être vrai, parce qu'autrement » il s'ensuivroit quelqu'*absurdité*; mais les autres » prouvent seulement *l'ignorance* où nous sommes » de bien des choses qui concernent *une vérité con-* » *nue*. » BURLAMAQUI, chap. 2, page 24.

sauroient tout expliquer; mais abandonnent-ils pour cela le principe qu'ils ont une fois démontré? Non sans doute (*). Pourquoi n'emploierions-nous pas le même procédé dans les sciences morales, qui de leur nature sont supérieures à celles-là ?

J'ai montré la règle à suivre dans les cas où l'esprit humain ne peut expliquer tout ce qui est relatif à un article reconnu pour une vérité, c'est de s'en tenir toujours aux principes; mais il est encore une seconde règle non moins sûre, et qui ne doit pas être séparée de la première, c'est celle du sens intime.

Ainsi, je vais supposer que les élémens d'ordre moral ne sont pas fixés, je veux malgré toutes les preuves du contraire, qu'à force d'objections et de doutes, l'homme se trouve dans la situation d'un septicisme parfait.

(*) Voici comme Fontenelle s'exprime sur Descartes et Newton ... Les principes évidens de l'un ne le conduisent pas toujours aux phénomènes tels qu'ils sont. Les phénomènes ne conduisent pas toujours l'autre à des principes évidens. Les bornes qui dans les deux routes contraires ont pu arrêter deux hommes de cette espèce, ne sont pas les bornes de leur esprit, mais celles de l'esprit humain.

Le voilà réduit à opter entre le principe du fatalisme et celui d'une intelligence suprême qui dirige cet univers, il ne sait à quoi se décider.

Qui doit venir à son secours, mettre un terme à cette cruelle irrésolution ? C'est son amour-propre. L'esprit est incapable de dissiper les ténèbres qui l'environnent, ou de résoudre les difficultés qu'on lui oppose; mais le sentiment qui l'entraîne à son bonheur et à sa perfection, ne le trompera point.

Ainsi, qu'un homme de bonne foi soit flottant entre ces deux doctrines, je lui dis.... Jugeons-les par leurs effets : si les premières conséquences d'un principe sont tristes, affligeantes, c'est déjà une raison de nous défier; car ce qui fait pâtir l'ame dans les seules abstractions, est infiniment suspect; mais si nous n'en restons pas à ces premières idées, et que d'autres résultats aillent jusqu'à faire de ce monde un horrible cahos, alors je frémis et je dis: cette doctrine est destructive de ma perfectibilité; elle est donc fausse, quand même mon esprit n'auroit pas la capacité de démontrer cette conclusion aux autres.

Réfutation du matérialisme.

Réfutation du déisme.

On me propose ensuite le systême d'un être suprême, tout puissant, infiniment heureux par lui-meme, qui a créé le monde, lui a donné des loix auxquelles il l'a soumis; mais qui d'ailleurs ne prend aucun soin de ses créatures, les livrant aux effets des causes générales.

Cette opinion, je l'avoue, paroît moins révoltante que la première; mais quand on réfléchit sur cette proposition.... Dieu a soumis l'homme aux loix générales et *à leurs causes secondes*. Ses conséquences sont aussi incompréhensibles, aussi effrayantes que celles du matérialisme, puisqu'elles confondent l'homme avec tout le reste de la nature, ou plutôt le mettent au-desous de tous les êtres, en le rendant plus malheureux, et lui ôtant jusqu'à l'espérance.

Vient une troisième *opinion*, qui paroît concilier toutes les difficultés, c'est celle-ci.. . Il y a un Dieu puissant, sage, juste, infiniment parfait, et l'homme n'est point compris dans le système de la matière, il y a pour lui un autre état que le présent, il éprouvera une mutation. *Sa raison est la loi qu'il doit suivre..... S'il s'y conforme, il sera récompensé; s'il y contrevient, il sera puni.*

Réfutation de la suffisance de la loi naturelle

Il semble, au premier apperçu, que rien

ne peut être ajouté à cette théorie : elle donne à l'homme toute sa dignité, rend un hommage éclatant à sa raison, laisse à sa liberté tout son exercice, en fait un être moral au-dessus de tous les autres.

D'ailleurs, elle paroît professée par un grand nombre de personnes célèbres ; oui, je le répète, au premier abord, rien n'est plus séduisant ; mais si l'on examine attentivement la nature de la *raison*, ses différences, ses variations sans termes, subordonnées au plus ou moins de culture, sa foiblesse, son incertitude même chez les hommes les plus cultivés ; si l'on observe son incapacité de fait chez le plus grand nombre des individus, enfin si l'on considère qu'elle n'a aucune sanction, il sera démontré, tout en reconnoissant ses merveilles comme lumière, que cette faculté n'est cependant pas une *loi* ; or, si toute seule la raison n'est pas une loi, il faut donc chercher ce qui seul aura cette force. Sans cela, il n'y a plus d'ordre moral, plus de providence, plus de Dieu ; d'où je conclus, la vérité n'est pas encore dans ce troisième système.

CONFÉRENCE V.

Suite du même sujet.

— QU'EST-CE que contient la loi révélée ?

= Elle contient les devoirs de l'homme envers Dieu, envers ses semblables, envers lui-même, quelle que soit d'ailleurs la société politique dont il se trouve membre.

D'après ce principe, le décalogue et l'évangile ont été faits pour tous les hommes, sans distinction du juif, du grec, du romain, ils sont les constitutions non d'un tel pays, mais du genre humain.

— Le décalogue pouvoit être la base d'un gouvernement théocratique, tel qu'a été celui des juifs sous Moïse, mais il ne le peut être également d'une constitution fondée sur d'autres principes; par exemple, la souveraineté du peuple.

= C'est une erreur: réfléchissez sur les différens articles du décalogue, et vous verrez qu'ils ne supposent pas un gouvernement théocratique plutôt qu'un autre.

En effet, ses préceptes ne sont autre chose

que les principaux devoirs de l'homme, sans distinguer de quelle nation il est.

C'est un recueil de maximes de droit naturel qui doit présider à tous les codes, à toutes les loix; mais ce recueil n'influe en rien sur la forme extérieure du gouvernement, laquelle peut varier au gré des hommes. Ici l'autorité pourra être dans la majorité du peuple, là être confiée à un petit nombre, ailleurs être déposée dans les mains d'un seul, etc.

Dans toutes ces modifications plus ou moins imparfaites, plus ou moins conformes aux élémens de la souveraineté, si les préceptes du décalogue sont remplis, vous aurez les bases d'ordre social, enfin vous aurez des mœurs, sans lesquelles les loix ne sont rien (*).

— Les droits de l'homme sont contenus sans doute dans la loi révélée, puisqu'ils sont aussi naturels que ses devoirs?

(*) Il est bon d'observer que le décalogue doit être distingué de toutes les autres loix ou réglemens faits pour les juifs. Ces derniers sont purement politiques, et n'ont été faits que pour ce peuple en particulier.

= Non, dans l'état primitif de société, ces droits n'existent point. En effet, je n'apperçois pas quels droits j'ai sur mon voisin, ou lui sur moi.

Je vois fort distinctement que je ne dois pas lui nuire, et qu'il se trouve dans la même obligation ; mais cette obligation mutuelle, bien loin de me donner l'idée d'aucun droit, ne me présente que celle des devoirs. Il est vrai que si mon voisin y manque, je suis fondé à le repousser et à exiger de lui une réparation ; mais dans ce cas, mon droit n'est qu'une suite de sa violation, qu'un fait purement accidentel, qui pouvoit arriver ou n'arriver pas. Ce fait d'ailleurs doit être pesé dans toutes ses circonstances et jugé par un tiers impartial, étant contraire aux premières notions d'ordre que l'individu se fasse justice à lui-même. Il faut dire d'après cela, si l'on veut parler avec justesse, que la connoissance des droits fait partie du code civil, et qu'elle appartient plus au juge qu'au législateur. La science de ce dernier est plutôt de chercher à rendre les droits inutiles, par des loix qui auront la vertu de prévenir la violation des devoirs. Il y a plus, si l'on considère les choses en elles-mêmes, il devient évident que la déclaration des droits comme *principe de société*, est contraire à la nature humaine.

Rassembler des êtres perfectibles, tous pleins de défauts, tous nécessaires les uns aux autres, et leur dire en les réunissant : *voilà vos droits.* C'est les mettre dans un état tendant à celui de guerre : en effet, qu'est-ce qu'un état de guerre ? c'est une situation où chacun exerce ses droits. Ainsi, la société humaine ne peut être fondée que sur les devoirs et même sur l'indulgence, quand ceux-ci seront violés.

Ces maximes de droit naturel nous ont été clairement enseignées par ce législateur de l'antiquité, dont les loix subsistent encore aujourd'hui. Moïse ne commence pas son ouvrage par annoncer à son de trompe les droits naturels et imprescriptibles, sa marche est toute différente.

1°. La déclaration des devoirs essentiels, telle est la pierre angulaire de son édifice et le premier de tous, celui qui comprend tous les devoirs possibles d'une créature morale, c'est la reconnoissance d'esprit et de cœur qu'elle doit faire de son auteur.

2°. Persuadé que le langage du législateur n'est pas seulement pour des lettrés, mais pour tout le peuple, il ne parle pas en termes généraux et abstraits, susceptibles de tous les sens, de tous les commentaires; mais sa déclaration conçue en 10 ou 12 articles, dans les termes les plus simples, rappelle les objets les plus sensibles, les plus indispensables de la vie humaine, ces articles deviennent les élémens de l'éducation; l'enfant qui commence à mettre ensemble les premières idées, les comprend, et peut aisément les graver dans sa mémoire.

3°. Persuadé qu'un homme n'a pas le droit par lui-même d'obtenir l'obéissance de son semblable, qu'un individu, quelle que soit sa supériorité, est toujours nul devant une nation, ce sage ne dit jamais rien de sa propre autorité, il n'est que l'envoyé, l'organe du chef de la moralité, qui par son ministère donne des loix à des êtres moraux, et sans lesquelles leur moralité naturelle seroit sans vertu.

On ne comparera pas Moïse avec les instituteurs des autres peuples, et qui ont aussi bien mérité de leurs contemporains; mais si, laissant à chacun de ces grands hommes et sa gloire et son mérite, la philosophie veut juger leurs ouvrages par le succès qu'ils ont eu, ne trouvera-t-elle pas entr'eux une différence bien sensible ?

Les institutions de ces derniers ont péri avec les peuples pour lesquels ils les firent ; si quelques-unes d'entr'elles ont subsisté ou subsistent depuis long-tems, elle doivent leur durée à la terreur, à la magie, à l'ignorance des peuples, et celles du législateur des hébreux règnent encore aujourd'hui, quoique depuis 2000 ans sa nation soit rayée de la liste des corps politiques. Oui, le tems qui détruit tout, a respecté la loi publiée sur le Mont-Sinaï ; mais quelle est la raison de ce phénomène unique?

Je la trouve dans la nature des choses : toutes les institutions des hommes qui n'auront point pour fondement le premier principe de la moralité, tomberont nécessairement, dès qu'elles ne seront plus soutenues par la force, et celles qui auront cette base, (la seule vraie) dureront par elles-mêmes, seront indestructibles comme la nature. Pourquoi toutes les autres institutions sont-elles tombées ? C'est qu'elles n'avoient point pour auteur l'être moral par excellence ; c'est que les actions des hommes n'étoient point soumises à une moralité actuelle. Voilà aussi pourquoi les réglemens politiques faits exclusivement pour les juifs, n'ont dû exister qu'un tems. Ils isoloient ce peuple des autres : ils n'étoient pas encore conformes à la loi de perfectibilité qui agit sans interruption et tend sans cesse à réunir tous les hommes.

Mais il n'en est pas de même du principe des loix judaïques, ou de l'esprit qui leur donnoit l'ame et la vie, sous ce rapport elles ne périront pas ; ainsi le décalogue sera à jamais le type de toute société, par cela seul qu'il a pour fondement non pas une divinité vague, mais une divinité source éternelle de la moralité effective, laquelle seule est dans la nature des êtres moraux.

— L'histoire n'est pour ainsi dire que le tableau des guerres, des massacres, en un mot des malheurs de tout genre, causés par la loi révélee ; il est donc bien faux qu'elle soit nécessaire à l'ordre social, ce qui seroit nécessaire aux hommes, ne les auroit pas sans doute rendu si malheureux.

= Jetter sur la loi révélée les abus révoltans qu'en ont fait les passions des hommes, c'est un reproche usé, dont l'absurde injustice frappera tout ami sincère de la vérité. On peut avec autant de raison, imputer aux loix les plus sages, les actes de despotisme qui dans tous les tems ont été commis par les hommes revêtus du pouvoir, et avec cet argument si trivial et si faux, de l'*abus à la chose*, nier le mérite de ce qu'il *y* a de plus excellent dans le monde.

— Les ministres de la religion révélée ne souffrent pas que les magistrats civils se mêlent des dogmes religieux, or voilà ce qui est essentiellement destructif de tout ordre; un souverain qui n'est point maître de régler la doctrine qui doit être enseignée dans ses états, y jouit d'une autorité bien précaire.

= Il me semble qu'on a donné à cette objection une importance qu'elle ne mérite point, ou plutôt que l'on en a beaucoup abusé. Une religion *révélée*, est par son essence indépendante des hommes, sans quoi elle ne seroit pas révélée.

Une conséquence naturelle et nécessaire de ce principe, c'est que les hommes et les ministres de la loi eux-mêmes ne peuvent *y* toucher; il est évident que si les hommes pouvoient y ajouter ou en retrancher, elle ne seroit plus révélée: mais de ces maximes ne suivent pas contre la puissance civile les inconvéniens que vous redoutez. En effet,

que

que veut le bien public? Il demande que la morale enseignée dans l'état soit pure, qu'elle renferme les principes du commandement et de l'obéissance : or, il est impossible (et la supposition seule en répugne) il est impossible qu'une religion révélée par l'être suprême ne contienne la morale la plus pure, ainsi que les maximes les plus efficaces pour l'ordre, et il n'y a même que celle-là qui puisse produire ces effets; il ne faut que de la logique avec de l'impartialité, pour tirer cette conséquence.

— Les propagateurs de telle religion que ce soit, même de la plus absurde, se disent toujours envoyés de Dieu. Avec cette prétention seule, ils empêcheront le législateur de rien décider sur la doctrine qu'ils enseigneront, et ils troubleront impunément l'ordre établi.

= 1°. Cette prétention tombera d'elle-même, si elle n'est fondée sur des preuves capables de soumettre une raison éclairée et un jugement sain, selon ce premier principe de tout droit naturel, de toute philosophie..... *Que votre croyance ne soit point aveugle, que votre soumission soit raisonnable.*

En conséquence de cette règle, tout objet

de croyance proposée aux hommes, doit être fondé sur la raison; plus une proposition révélée sera supérieure à l'intelligence humaine, ou incompréhensible en elle-même, plus les preuves de sa manifestation doivent être lumineuses.

Si cela n'étoit pas ainsi, cette idée *révélation*, qui au premier abord semble au-dessus de la sphère de notre entendement, n'eût point résisté à toutes les contradictions de l'esprit humain. Si elle n'étoit appuyée sur des preuves capables de décider une droite raison, et telles que celle-ci les veut dans toutes les autres matières quelconques, eût-elle été embrassée par des hommes reconnus pour les plus judicieux, les plus réfléchis qui aient existé, par des hommes intéressés à soutenir des opinions contraires, et qui effectivement avoient défendu celles-ci avec tout le zèle dont ils étoient capables?

Enfin, seroit-il possible que les défenseurs de la révélation eussent sacrifié leur fortune, leur existence, leur vie, pour des choses absurdes, ou qui ne seroient point claires, au moins sous un certain point de vue?

Elle a aussi, il est vrai, pour adversaires, des hommes distingués par de grands talens; mais dans la balance du droit naturel (et observez bien cette règle) dix qui affirment, sur-tout dans des objets au-dessus de l'intelligence et contraires aux passions, ont plus de poids que mille qui nient. Rien n'est plus facile que de nier et de faire des objections, rien de plus difficile que de croire avec la conviction de ce que l'on croit.

Il est possible, dira-t-on, que ces hommes aient été égarés par leur imagination, trompés par des préjugés, ou des foiblesses dont les plus grands esprits ne sont pas exempts, soit; mais comment se fait-il que ces préjugés, ces foiblesses aient produit la même séduction dans tous les âges, dans tous les pays? comment se fait-il qu'aujourd'hui, au centre de toutes les lumières et de la liberté, des milliers d'hommes se sacrifient pour les mêmes chimères que sous les Néron, les Dioclétien, etc. et dans les tems de la plus grossière ignorance? l'histoire de toutes les sciences humaines nous atteste que nulle erreur n'a résisté à la discussion.

2°. Il ne suffira pas à un fondateur de religion, s'il n'est pas un despote et s'il n'a des armées à ses ordres, de dire qu'il a eu une révélation, il n'existe pas d'entreprise plus téméraire, plus dangereuse et plus chimérique. Tous les obstacles sortiront de terre à la fois, pour l'arrêter et le perdre, sa doctrine sera soumise aux inquisitions les plus sévères, sa personne et ses sectateurs livrés à toutes les persécutions! Est-il possible de croire que l'imposture sans la force, triomphera de tant d'obstacles? cela est contre nature.

3°. De ce que toutes les religions se prétendent également révélées, il en résulte le plus grand argument en faveur de la nécessité de la révélation. Cela prouve que tous les fondateurs ont regardé comme nécessaire l'intervention de la divinité.

4°. Si la révélation est reconnue nécessaire, il s'ensuit aussi que de toutes les religions prétendues révélées, il n'y en a qu'une seule véritable; il implique sans doute que l'être suprême ait révélé des loix qui se contredisent entr'elles.

— Malgré les avantages infinis que selon vous la révélation a apporté à la société, il est malheureusement trop certain que depuis elle, les hommes n'ont pas mieux valu qu'auparavant, ils ont commis autant d'erreurs, autant de crimes. Le même désordre, le même despotisme a également ravagé le monde; il y a des athées, des matérialistes comme avant: donc il est faux que la révélation ait corrigé les mœurs et perfectionné les loix. S'il y a quelques progrès à cet égard, ils sont dus à la culture des sciences et des arts, et nullement à l'intervention de la divinité, laquelle ne doit être employée que comme un frein à opposer à la multitude.

= 1°. Il ne s'agit pas de savoir si les hommes ont valu mieux depuis la révélation qu'auparavant, mais si les règles sociales sont meilleures que celles qui dominoient avant cette époque.

Quand les maximes sont corruptrices, la dépravation n'a plus d'obstacles, le mal se fait tranquillement, il est une suite du principe; mais quand les maximes ordonnent le bien et défendent le mal, il se forme entre celui-ci et celles-là un choc toujours alarmant pour la conscience. Ainsi, quand depuis la révélation il y auroit les mêmes désordres qu'auparavant, on ne pourroit rien en conclure contre elle; en bonne logique, ils ne peuvent être imputés qu'aux hommes, c'est-à-dire, à l'abus qu'ils font de leur liberté.

En se révélant à un être moral, Dieu a fait un acte de sa providence, mais il n'a point changé sa nature; il ne lui a pas ôté son libre arbitre, il lui a laissé le mérite et le démérite attaché à ses actions. Si Dieu s'étoit manifesté d'une manière évidcnte, il n'y auroit plus ni doutes, ni disputes, ni sectes, ni schismes; l'homme n'auroit plus de progrès à faire dans la perfection, et ne pourroit plus abuser de sa liberté. La révélation n'est pas allé jusques-là, elle n'a fait que lever un coin du voile, ou donner un rayon de lumière dans la nuit la plus épaisse ; mais sans ce rayon, il n'y a plus que le cahos.

2°. Quant à ceux qui veulent bien croire que l'intervention divine est nécessaire pour le peuple, ils ont tout dit en faveur de mon assertion ; ils ont prouvé irrévocablement la nécessité de la révélation : car enfin, je les supplie de me dire, qui sous le rapport que nous traitons n'est pas peuple, quel est l'homme dont on peut assurer qu'un tel jour, un tel quart d'heure il ne sera pas *peuple*.

Si la loi révélée est nécessaire, c'est parce que la raison ne peut diriger l'homme dans tous les cas et qu'elle manque de sanction ; la première est donc pour toute l'espèce et pour chaque individu de l'espèce.

Si son secours est indispensable, ce n'est

pas moins contre les passions savantes des hommes civilisés que contre celles des hommes grossiers, peut-être même celles-là sont plus dangereuses à la société que celles-ci.

Il faut, dit-on, une religion au peuple; ce lieu commun se trouve dans toutes les bouches, mais rien n'est plus absurde dans le sens qu'on lui donne ordinairement. Si la religion révélée a rétabli l'état social, c'est précisément parce qu'elle modère l'usage des richesses et de la puissance; ce sont donc les riches et les puissans, ce sont donc ceux qui reçoivent une éducation distinguée du vulgaire, qui plus que tous les autres doivent être élevés dans les principes de cette loi; si cela n'est pas ainsi, il est faux, oui, très-faux qu'on doive donner une religion au peuple. Celui-ci ne sera jamais que ce que sont ses chefs et ses conducteurs, et sous le rapport des principes, cette distinction entre *peuple* et ce qui n'est *pas peuple*, n'est vraiment qu'une dérision.

Mais vous avez prétendu dans l'objection que la loi révélée n'a pas amélioré l'état social; nous allons montrer par l'histoire qu'elle a été non seulement le frein des peuples, mais celui des puissances; que s'il y a un peu de liberté et d'égalité sur la terre, c'est à elle seule que le genre humain les doit, et que tous les efforts de la politique ancienne et moderne n'ont pu rien trouver de comparable à opposer au despotisme : ce sera l'objet de la conférence suivante.

CONFÉRENCE VI.

Parallèle de l'état social des peuples qui n'ont pas la révélation avec ceux qui l'ont admise.

Que hors la religion révélée, il n'y a ni droit public, ni droit des gens, ni souveraineté, ni liberté, ni égalité.

On ne veut pas faire ici le tableau des désordres où étoient plongées les familles et les sociétés avant la révélation, il est connu de tous ceux auxquels ne sont pas étrangers les premiers élémens de l'histoire ; mais dans une discussion libre, où la raison se fait à elle-même son procès, on ne peut se dispenser de rechercher la cause d'un égarement qui sans doute n'est point naturel : on répondra l'*ignorance* et les *passions*, mais que cette réponse est insignifiante.

Les égyptiens, les grecs, les romains et autres, n'étoient certes pas des ignorans ; leurs lettrés et leurs sages ont été révérés de tous les siècles. Les arts, les sciences, la morale elle-même avoient fait chez eux les plus grands progrès.

Tous les jours nous allons admirer leurs immortels chefs-d'œuvres, et nous reconnoissons par nos hommages qu'ils sont nos maîtres. L'on ne peut donc pas dire qu'ils ont péché par ignorance, comme nous le dirions aujourd'hui des Samoyèdes ou des peuplades découvertes dans la mer du Sud.

Ce sont les passions : mais on demandera pourquoi celles-ci avoient pris un tel empire? Le seul instinct apprend à l'homme le plus grossier que s'il se laisse dominer par les passions, il est dans une situation malheureuse et contre nature.

Ainsi, cette seconde réponse n'est pas meilleure que la première, elles ne sont l'une et l'autre qu'une pétition de principe.

Quelle est donc la cause de cette dégénération de l'espèce humaine, laquelle est bien contradictoire avec la faculté de discerner le vrai d'avec le faux, dont elle est douée ?

Il n'en est pas d'autre que la foiblesse de la raison, soit qu'on l'envisage comme *lumière ou comme loi.* Sous le premier rapport, elle ne peut par ses propres forces s'élever jusqu'au principe de la moralité, ni en développer toutes les conséquences. Sous le second, elle manque de sanction et ne contient pas une obligation parfaite.

L'homme qui cherche la vérité est bien parvenu à reconnoître la nécessité d'un premier moteur, à voir en lui la réunion active de toutes les vertus. Mais quand il a voulu expliquer toutes les conséquences qui dérivent de ce principe, il est tombé dans des embarras, puis dans des labyrinthes dont il n'a pu sortir.

Lorsqu'il a cherché à concilier avec la justice suprême les désordres de ce monde, le malheur des créatures innocentes, la persécution de la vertu, le triomphe du vice, etc. sa raison s'est troublée et confondue. De-là l'origine de la double doctrine, de-là le polythéisme qui fit des dieux auteurs du bien comme du mal; de-là enfin toutes les erreurs et tous les maux où s'est abymé le genre humain, et dont il nous a été laissé un symbole assez fidèle, dans la fable ingénieuse de Phaëton, qui embrâsa l'univers pour avoir eu la témérité de conduire le char du Soleil, quoique bien averti par son père de son incapacité, et des malheurs où elle le précipiteroit. L'embrâsement figuré par cette allégorie, n'a été que trop réel : tous les peuples sont tombés dans l'idolâtrie, dans la doctrine du double principe, dans le polythéisme, mêlés et confondus ; un seul fut excepté, du moins quant à ses maximes, et celui-ci obéissoit à la loi révélée. Il suffiroit certainement de savoir quelles ont été les notions de la Divinité, chez les peuples qui n'ont pas eu la révélation, ou qui l'avoient perdue, pour être convaincu de toute l'insuffisance de la raison ; mais ce n'est pas assez, il faut montrer que ceux qui ont une idée fausse de l'être suprême, ne peuvent avoir ni *bonne loi, ni liberté, ni égalité ;* que tout ce qu'on leur donne sous ces noms vagues, est faux, ou plutôt n'est que despotisme ; la preuve de cette proposition fait l'objet spécial de cette conférence.

Nous avons établi par les seuls moyens puisés dans la nature de l'homme, que la révélation lui est nécessaire ; nous allons prouver par les *faits*, que sans elle, l'ordre social a toujours été vicieux, et que par elle seule, cet ordre peut exister.

La première règle de logique naturelle, nous enseigne bien clairement qu'en toutes choses les conséquences ressemblent au principe dont elles émanent ; que ces dernières sont toujours bonnes ou mauvaises, selon que le premier est lui-même bon ou mauvais.

Cela posé, si nous errons sur la Divinité, nous nous trompons forcément sur l'homme, et par conséquent sur les règles que nous voulons lui imposer.

Quoique l'on puisse faire, l'ordre dans une société d'êtres moraux, ne sera jamais qu'en raison des idées qu'ils auront sur le chef de toute moralité ; il faut que sous ce nom, ils comprennent le principe de tout ce qu'il y a de vrai, de bon, d'excellent par essence, autrement cet être ne sera plus l'auteur de la moralité. Pénétrez-vous bien que cette expression *moralité*, embrasse tout ce qui est parfait et rejette tout ce qui est défectueux. Si l'idée de Dieu n'est pas telle que nous le disons, il n'y aura pas d'ordre social, et tous les moyens que les hommes prendront pour se perfectionner, seront toujours employés à contre sens : voilà pourquoi les peuples les plus célèbres de l'antiquité ont été à la fois si polis et si barbares ; pourquoi, au milieu des chefs-d'œuvres de toute espèce et même avec des modèles de vertu, ils ont eu les institutions les plus vicieuses et les mœurs les plus féroces.

Les sciences et les arts sont sans doute des moyens de perfection, mais si l'idée de leur premier modèle est fausse, ces moyens prendront naturellement aussi une fausse direction; si le génie de l'homme travaille quelquefois sur le vrai, il s'exercera plus souvent sur le mensonge. Enfin la société aura de brillantes apparences, mais elle péchera par les fondemens ; c'est ce qui va être confirmé par le coup-d'œil le plus rapide sur les faits.

Les peuples dont nous parlons avoient une idée fausse de la Divinité : voyons quelle a été leur existence civile et politique. Chez eux, ce que nous appellons droit public et droit des gens, n'étoit pas même connu : le mot *vertu* n'y signifioit que *valeur* et *force ;* le juste, l'honnête, le légitime n'étoient que ce qu'il plaisoit d'appeller ainsi à ceux qui étoient les plus forts (*). Leur société se di-

(*) « Plutarque blâme les Lacédémoniens de ce » qu'ils faisoient consister la principale partie de » l'honnêteté et de la vertu, dans l'intérêt de leur » patrie, et que prévenus de cette fausse pensée, » ils ne connoissoient, ni n'apprenoient d'autre droit

visoit en deux portions fort inégales, l'une d'oppresseurs et l'autre d'opprimés.

Les loix y violoient la nature dans ses premiers devoirs; les pères avoient droit de vie et de mort sur leurs enfans, les maîtres sur les esclaves (*).

» que ce qui leur paroissoit propre à l'aggrandissement de Sparte. Voici ce que les Athéniens disent du génie des mêmes Lacédémoniens, dans Thucidide..... Les Lacédémoniens observent fort exactement les règles de la vertu entr'eux, et par rapport aux loix de leur pays; mais pour ce qui regarde les étrangers, on pourroit rapporter bien des exemples de la manière peu équitable dont ils agissent envers eux: il suffira en un mot, de dire que de tous les peuples que nous connoissons, il n'y en a aucun qui plus *ouvertement* qu'eux, tienne pour honnête uniquement ce qui lui est agréable, et pour juste tout ce qui est de son intérêt ». *Grotius*, Droit de la guerre et de la paix.

Observation. L'auteur dit simplement... *qui plus ouvertement que les Lacédémoniens*, expressions qui prouvent que les autres peuples d'alors, en agissoient de même, mais avec moins de publicité.

(*) Pour ce qui est du droit de vie et de mort, » les maîtres ne l'ont pas sur leurs esclaves, à en » juger par les règles de la justice pleine et entière, » ou devant le tribunal de la conscience: car aucun » homme ne peut légitimement en faire mourir un

Les langues n'ont point d'expression pour rendre, par exemple, la barbarie des Spartiates sur les Ilotes.

Il étoit permis à l'aristocratie de Lacédémone, de tuer cette espèce d'hommes, et les loix chez ce peuple le plus fameux en liberté qui fut jamais, avoient porté le raffinement de la tyrannie au point qu'il étoit defendu à tout propriétaire de les affranchir, ou de les vendre hors du pays (*).

» autre, si celui-ci n'a commis quelque crime qui » le mérite. Cependant selon les loix de quelques » peuples, un maître qui tue son esclave, pour » quel sujet que ce soit, le fait impunément : il en » est de lui à cet égard comme des rois absolus qui » par-tout pays, sont en pareil cas à l'abri de toute » recherche. Ce n'est pas qu'un maître ne puisse » certainement faire du tort à son esclave, mais » l'impunité passe pour un droit dans un sens im» propre. Les loix de Solon et les anciennes loix » des romains, donnoient le même droit à un père » sur ses enfans, et Dion de Pruse dit que cela avoit » lieu chez plusieurs peuples bien policés ». *Grotius*, livre 2, chap. 5, de l'acquisition originaire d'un droit sur les personnes, § 28, tom. 1, p. 549.

(*) « Les malheureux Ilotes étoient traités moins » en hommes qu'en bêtes. Non seulement on les eni» vroit pour inspirer aux enfans l'horreur de l'ivresse » ou de l'intempérance, mais on envoyoit quelque-

La

La guerre n'avoit aucune loi, hormis quelques formalités, avant d'être entreprise. Le droit de conquête ne connoissoit pas de bornes, le sort des vaincus dépendoit sans réserve du caprice du vainqueur, celui-ci avoit le droit de tuer sans distinction de sexe et d'âge, tous les prisonniers, et de conserver ceux qu'il jugeroit à propos (*).

» fois la jeunesse en embuscade pour les massacrer. » On faisoit mourir tout Ilote distingué par sa taille » ou par sa mine, comme un ennemi de la nation». *Hist. grecque.*

Observation. Il est plus que vraisemblable, d'après cela, que les punitions si vantées des enfans de Lacédémone, et qui révoltoient la nature, sous prétexte de la perfectionner, en la rendant insensible, s'exerçoient sur des Ilotes, et non sur des individus de la partie dominante.

Il semble que cela n'a pas été assez distingué par ceux qui les ont tant vantées

(*) « Pour ce qui est des effets d'un tel esclavage, » (des prisonniers de guerre) ils sont sans bornes. » Tout est permis au maître, par rapport à son es- » clave, comme le dit Sénèque le père : il n'y a rien » qu'on ne puisse impunément faire souffrir à de » tels esclaves ; il n'est point d'action qu'on ne puisse » leur commander, et les plus grandes cruautés que » les maîtres exercent contre eux demeurent impu- » nies. Le jurisconsulte Caius remarque... *que parmi*

On croit peut-être que les richesses, l'aisance, les lettres vont corriger insensiblement de pareilles mœurs; c'est tout le contraire, les plus grandes atrocités chez les anciens, que nous aimons tant à célébrer, ont eu lieu dans les tems où leur gloire littéraire et philosophique étoit à son plus haut point. Tant qu'ils ont été dans la barbarie, ils ont été simples et bons, dès qu'ils furent civilisés, ils devinrent féroces et barbares (*).

» *toutes les nations, les maîtres ont droit de vie et* » *de mort sur leurs esclaves.* Le jurisconsulte Pom- » ponius tire de là, l'étimologie du mot dont on se » sert en latin pour dire un esclave: on les appelle » serfs, dit-il, parce que les généraux d'armée les » vendoient, et par là leur conservoient la vie ». *Servi nuncupati a verbo servare. Grotius*, sur les prisonniers de guerre, liv. 3, chap. 7, § 3 et 5.

(*) Les Athéniens étoient dans leurs plus beaux jours, lorsqu'ils firent avaler la ciguë à celui qui leur avoit enseigné la morale pendant 40 ans. Dans la guerre du Péloponèse. 400 ans après Licurgue, les Ilotes avoient rendu à leurs maîtres les plus importans services; pour les récompenser, on donna une fête à 2000 des plus distingués d'entr'eux, on les couronna de fleurs, et ces braves gens périrent tous par la plus infâme et la plus lâche trahison.

Peu de tems après, dans la même guerre, à l'af-

J'ai dit que le droit de conquête étoit illimité, que le vainqueur pouvoit faire tout ce qu'il lui plaisoit des vaincus ; on ne voit pas que chez les nations les plus policées, ce droit ait été réformé ni même adouci avant la révélation : loin de là, à l'époque où nous fixons celle-ci, il étoit reçu en principe, comme dans les tems les plus reculés, que le conquérant pouvoit tout exterminer, tout anéantir, et corps politique et individus, sans distinction (*), et du même principe, l'on concluoit par *une à plus forte raison*, qu'il

---

faire d'Ægos Potamos, Lysandre fait 3000 Athéniens prisonniers ; après la victoire, il les fait tous massacrer. Il en a été de même des Romains, chez eux la férocité des mœurs s'accrut avec l'opulence, le luxe, le progrès des sciences et des arts : les spectacles des gladiateurs, l'usure effrénée des créanciers, la tyrannie envers les esclaves, la cruauté révoltante des peines infligées aux criminels, etc. tout cela nous atteste que ce peuple ne fut jamais plus malheureux que lorsque ses gouvernans furent enrichis des chefs-d'œuvres d'Athènes et des dépouilles du monde.

(*) « Le droit des gens des Romains étoit d'exterminer tous les citoyens du peuple vaincu, sur quoi je laisse juger à quel point nous sommes redevenus meilleurs ». *Esprit des loix*, liv. 1, chap. 3.

avoit le pouvoir de réduire le tout en servitude. Les publicistes et les jurisconsultes les plus célebres étoient allés au point (sans exagération) de mettre les hommes au pair des animaux, d'accorder aux vainqueurs non-seulement des choses contre nature, mais réellement impossibles, et dont n'ont jamais profité ceux qui ont eu un peu de bon sens. Les maximes et les loix les autorisoient à faire ce qu'ils n'ont jamais fait entiérement, et même ce qu'ils ne pouvoient faire; tel étoit le droit public chez ces peuples qui vantoient leur liberté, et appelloient les autres barbares; oui, ils étoient civilisés, mais leur civilisation n'étoit qu'un faux brillant qui en imposoit au-dehors, et couvroit tous les excès de la tyrannie. Mais pourquoi nous borner à jetter nos regards à 20 ou 30 siècles derrière nous? Considérons aussi l'état social des peuples modernes ou même de nos contemporains, qui n'ont pas ou n'ont plus la loi révélée, et nous verrons par cela seul qu'ils gémissent sous le plus affreux despotisme.

CONFÉRENCE VII.

Suite du même sujet.

COMME la géographie a partagé la terre en climats, de même la philosophie a fait la division politique des peuples qui l'habitent. Nous les distinguons en sauvages, en barbares, en esclaves, en sujets, enfin en nations libres ; puis nous donnons au gouvernement de ces peuples, des noms analogues aux classes diverses que nous en avons faites, et les pays où la révélation est admise, sont l'équateur d'où nous comptons les dégrés de civilisation qui sont dans le monde.

Tout le reste du globe est sauvage, barbare ou esclave, et si de loin en loin, nous appercevons sur ces régions quelques fruits de liberté ou de civilisation, la semence y a été portée par les missionnaires de la loi révélée, par ces philanthropes (les seuls dignes de ce titre) qui affrontent toutes les fatigues, tous les dangers, pour civiliser les hommes les plus incultes, en leur donnant des principes de moralité, seuls capables de produire cet effet (*).

On ne dira pas que la révélation a fait disparoître le désordre de la terre, elle n'a pas changé le cœur humain, elle ne lui a pas ôté ses passions; mais elle leur a donné

(*) Si l'on nous assuroit que le motif secret de l'ambassade des Siamois a été d'exciter le roi très-chrétien à renoncer au christianisme, à permettre l'entrée de son royaume aux Talapoins, qui eussent pénétré dans nos maisons, pour persuader leur religion à nos femmes, à nos enfans et à nous-mêmes, par leurs livres et leurs entretiens, qui eussent élevé des pagodes au milieu des villes, où ils eussent placé quelques figures de métal pour être adorées; avec quelles risées et quel étrange mépris, n'entendrions-nous pas des choses si extravagantes? Nous faisons cependant 6000 lieues de mer, pour la conversion des Indes, des royaumes de Siam, de la Chine et du Japon, c'est-à-dire, pour faire très-sérieusement à tous les peuples des propositions qui doivent leur paroître très-folles et très-ridicules. Ils supportent néanmoins nos religieux et nos prêtres, ils les écoutent quelquefois, leurs laissent bâtir des églises et faire leur mission. Qui fait cela en eux et en nous, ne seroit-ce point la force de la vérité? *Labruyere.*

un modérateur puissant, en attachant aux actions une moralité qu'elles n'avoient pas ; elle a mis un frein au despotisme de toute espèce, et l'a fait trembler, ce qu'on ne peut dire des autres institutions humaines : en preuve de cette assertion, suivons toujours les faits.

Un des plus grands abus de la force, contre lequel toutes les mesures ont échoué, qui est vraiment l'hydre indestructible, et se reproduit sous toutes les formes, même sous celles de l'humanité et de la liberté, c'est l'esclavage. Comme rien ne flatte plus l'amour-propre du riche, et que d'ailleurs il présente une sorte d'appui à l'être flétri par l'extrême misère, rien ne fut plus difficile à extirper. Outre cela, des hommes respectables, les casuistes de leur tems, avoient décidé, sur des raisonnemens spécieux, que l'esclavage n'avoit rien en soi d'illégitime, et faute d'avoir resserré le principe dans ses justes bornes, ou d'avoir fixé le sens dans lequel un homme peut dépendre de son semblable, ils avoient donné ouverture aux conséquences les plus fausses, aux applications les plus monstrueuses; enfin, ils avoient, par leurs décisions, légitimé sur l'esclave le droit de propriété absolue, et par conséquent celui de vie et de mort (*).

La réforme de ce désordre ne put donc se faire qu'avec lenteur, mais enfin elle se fit; l'orgueil, après bien du tems, fut contraint de courber sa tête devant la loi révélée.

Celle-ci ayant posé pour maxime fonda-

(*) Je ne concevrai jamais (et c'est à mon sens une preuve sans réplique de la foiblesse de la raison abandonnée à elle-même) je ne concevrai jamais comment des jurisconsultes, des législateurs, respectables sous tant de rapports, ont pu tomber dans des erreurs aussi monstrueuses sur les principes; comment ils ont pu décider qu'un homme à l'égard d'un autre homme, pouvoit n'être qu'une pièce de bétail.

Est-il une autre cause d'un tel égarement que la foiblesse de l'esprit humain? Sans le secours de l'être suprême, il n'a aucune idée de moralité et conséquemment de sociabilité, tous ses efforts ne peuvent l'élever jusques-là.

Les juifs n'avoient ni philosophes, ni académies, ils traitoient leurs esclaves bien différemment des grecs et des romains; chez eux, après sept ans, l'esclave redevenoit libre. C'étoit bien loin du droit de vie et de mort des nations civilisées, ou plutôt ce n'étoit pas là un esclavage, mais pourquoi cette différence? C'est que la loi révélée avoit donné aux juifs des idées morales, des principes de société, un droit public, etc.

mentale et de pratique rigoureuse que tous les hommes sont frères dans l'ordre moral; elle créa la seule égalité possible dans un monde où tout est inégal, et par un effet nécessaire, elle décida cette grande question sur laquelle les docteurs n'avoient osé prononcer, que l'esclavage entendu comme propriété *absolue, est un crime de lèze humanité.*

Mais continuons : si la loi révélée seule a détruit l'esclavage et rétabli l'égalité, elle seule aussi, a tempéré les prestiges, les illusions que donne le pouvoir, et dont malheureusement l'honnête homme a parfois beaucoup de peine à se défendre. Le prince élevé dans ses maximes, a appris que sa qualité n'est que celle de chef de la grande famille, dont tous les membres sont égaux en moralité, etc.

Par une suite de ces principes, il s'opéra une réforme universelle dans la législation comme dans les mœurs.

La souveraineté et l'obéissance, sur lesquelles on n'avoit aucune notion explicite, furent définies, et par suite l'égalité et la liberté, lesquelles n'avoient été que des mots vagues, ou plutôt des prétextes d'oppression. Le droit du plus fort, jusqu'alors légitime, fut déclaré l'anéantissement de tout droit ; les loix coërcitives devinrent humaines, compatissantes, consolatrices même dans leur exécution.

L'intérieur des maisons, où ne pénétrent point les loix civiles, eut ses règles et son gouvernement. L'usure, cet ennemi impalpable de la société, et que rien n'avoit pu réprimer, fut soumis à des principes (*) ; le

(*) C'est la loi révélée seule et non la raison, qui a mis l'usure dans la classe des délits. et fixé les règles en cette matière où les loix civiles sont impuissantes.

Mutuum date invicem nihil indè sperantes... Faites-vous des prêts mutuels, sans en rien espérer.

Cette sentence est la sanction du droit naturel lui-même : en effet, comment doit-elle s'entendre ? Sans doute, c'est dans le sens de la moralité : le restaurateur de l'ordre moral n'a pu parler dans un autre esprit.

Cela posé, que veulent dire ces paroles ? Elles signifient que les membres d'une société morale doivent s'entr'aider par des services mutuels, se secourir dans leurs besoins.

Il suit de-là évidemment que l'on ne doit pas tirer d'intérêt de celui qui se trouve dans cette position, puisque loin de venir à son secours, c'est ajouter à ses besoins, c'est achever sa ruine, c'est l'écraser.

mariage et les familles acquirent une consis-

Service et intérêt sont des idées contradictoires : prêter à intérêt, c'est vendre l'usage de son argent, c'est s'enrichir soi-même ; c'est donc agir ouvertement contre les dispositions d'une loi dont le seul but est de lier les individus d'une même société, par des services réciproques ; d'inviter celui qui a, de venir au secours de celui qui n'a pas, de protéger le pauvre contre la cupidité du riche.

Mais il résulte au prêteur, dira-t-on, des pertes, des dommages, de la privation de son capital ; ces motifs sont nuls devant la loi. Il est sensible qu'il ne peut rendre service et en même tems n'en pas rendre. 1°. S'il ne rend pas ce service, lorsqu'il est en pouvoir de le faire, il ne se conforme pas aux règles de la moralité, lesquelles sans doute ont pour objet tout autre chose que richesse et fortune.

2°. S'il prétend rendre ce service en le vendant, il est en opposition directe avec ces mêmes règles, c'est lui seul qu'il enrichit : et sur quoi fonde-t-il cet accroissement de fortune ? sur la médiocrité qui se débat, sur le penchant de la misère, et qu'il force à faire une brèche pour en boucher une autre. S'il est une moralité dans la nature des hommes, peut-elle éprouver une violation plus grande, et si l'on avoue que les loix civiles sont impuissantes pour l'empêcher, n'est-ce pas assez reconnoître la nécessité d'une autre loi qui elle seule sera capable de la modérer.

tance que tous les efforts de la philosophie.

Caton le censeur exerçoit la plus odieuse usure, et il ne s'en cachoit pas, il donnoit pour raison que la loi ne la défendoit point : voilà jusqu'où alloit la morale de ce réformateur de son siècle.

J'ai dit ce qui, selon moi, est le vrai sens des maximes sur l'usure ; mais si j'y suis parvenu, il s'ensuit aussi que la loi révélée ne s'applique pas aux cas où le besoin n'existe pas ; ainsi, le négociant, l'entrepreneur qui emprunte des fonds pour donner plus d'activité à son industrie, plus d'étendue à ses spéculations, ne se trouve pas dans la circonstance prévue par le texte : il n'est pas alors question de *service*, il se fait entre l'emprunteur et le prêteur une société qui sans doute doit être conforme aux principes de morale, mais laquelle cependant ne peut plus se règler d'après une disposition qui fait un devoir aux hommes de s'entr'aider dans leurs besoins. La différence entre ces deux espèces est palpable : il est vrai que dans la pratique ces maximes peuvent rencontrer des difficultés, donner lieu à des questions embarrassantes ; mais voilà les principes qui ont été donnés par le législateur, c'est ensuite à la raison exercée sur ces matières, d'en faire l'application selon les circonstances particulières qui constituent les espèces différentes. Mais ici, j'ai cru devoir seulement vous en retracer les principes généraux, vous montrer que l'usure n'est un délit que dans l'ordre moral, et sur-tout que ne pouvant être atteint par le magistrat civil, il est nécessaire qu'il soit surveillé et arrêté par un autre.

n'avoient pu leur donner, l'éternelle question du divorce fut irrévocablement jugée (*);

La raison n'est point parvenue à définir la souveraineté, c'est la loi révélée seule qui en a fixé les principes, *omnis potestas adeo :* il est impossible à l'esprit de ne point rendre hommage à la justesse de cette définition.

Ces trois mots dans leur simplicité sont un trait de lumière, ils contiennent l'abrégé de toute la science sociale, ils renferment les élémens de la souveraineté, de l'obéissance, de la liberté, de l'égalité, choses qui sont toutes inséparables, et dont l'une ne peut subsister sans l'autre.

(*) Qu'est-ce que la sagesse humaine a prononcé sur le mariage ? Elle a dit qu'il étoit la société par excellence, l'union la plus respectable dont les loix ne peuvent assez resserrer les nœuds, mais toutefois qu'elle peut se résilier comme les autres contrats. Qu'est-ce qu'ont fait les loix civiles d'après ces maximes ?

Elles ont protégé le mariage, mais elles ont autorisé le divorce ; tout ce qu'ont pu faire les plus sages législateurs, c'est de mettre des entraves à celui-ci, mais entraves qu'ils ont eux-mêmes reconnues impuissantes à la première expérience ; c'est-à-dire, en deux mots, que sur cet article, le plus important pour l'homme et la société, les loix ont pris des demi-mesures, des mesures ambiguës qui ont laissé la question indécise.

Qu'est-ce que de son côté, nous a dit la loi révélée ?

le sexe le plus foible fut compensé par les

Elle prononce nettement, sans détour, sans amphibologie, que le mariage est *indissoluble*; voilà sur le même objet deux propositions contradictoires, dont l'une affirme ce que l'autre nie; mais laquelle est vraie, laquelle est fausse, *en logique ou droit naturel*? C'est ce que nous allons examiner en peu de mots, en réduisant autant qu'il nous sera possible la question à ses plus simples élémens. 1°. Qu'est-ce que le mariage? C'est une union qui a pour objet la multiplication de l'espèce humaine.

Donc le mariage n'est pas une société proprement dite, les époux ne se marient pas précisément pour faire une entreprise, une spéculation de fortune, mais pour devenir pères, former une famille, et remplir à cet égard le vœu de la nature; la génération est donc le seul objet essentiel de cet engagement.

2°. Les époux sont pères ou ils sont toujours dans la possibilité *absolue* de le devenir.

3°. S'ils sont une fois pères, ils ne peuvent plus cesser de l'être; mais s'ils ne peuvent cesser d'être pères, ils ne peuvent plus cesser d'être époux: le moyen d'arriver à une fin est nécessairement de la même nature que cette fin, si celle-ci ne peut s'obtenir sans celui-là.

4°. Le but du mariage n'est pas seulement la génération, c'est aussi de conserver et perfectionner l'être engendré.

S'il n'en étoit pas ainsi, l'homme ne seroit qu'un instrument physique et aveugle de la nature; il ne

égards et les attentions; la qualité de mère de

seroit ni perfectible, ni moral, il seroit au-dessous de tous les êtres.

5°. Les père et mère devant conserver et perfectionner leur enfant, il en résulte par une autre conséquence nécessaire, que le mariage est indissoluble; en effet, si le père abandonne la mère, celle-ci ne pourra toute seule veiller à la conservation de l'enfant et travailler à sa perfection.

Il en sera de même, si la mère abandonne le père, la nature ou la loi de moralité, ordonne le concours de tous les deux, et ce concours est indivisible. S'il est une époque à laquelle les soins de la mère sont plus nécessaires, il en est une autre où ceux du pères le sont davantage.

6°. Cette vérité acquiert plus de certitude, si l'un ou l'autre des époux contracte un nouveau mariage; il est évident que l'homme ou la femme, étrangers à l'enfant du premier, n'auront plus d'intérêt à sa conservation, à sa perfection, il est même sensible qu'ils auront un intérêt contraire.

7°. De ces principes, il résulte que le mariage ne peut être assimilé à aucun des contrats civils.

Tous les contrats civils peuvent se résoudre en indemnités civiles, et les parties être remises au même état qu'elles étoient auparavant: voilà le fondement de la loi de résiliation introduite dans la jurisprudence; mais cette restitution *in integrum*, est impossible dans le mariage, les contractans ne peuvent y être indemnisés, ni remis dans l'état où ils étoient avant leur convention.

de famille devint la dignité la plus respec-

La part que chacun d'eux a apporté, est allé tous les jours en diminuant, et si le mariage est une société, il est une société de *pertes*, et non de *gains*, ce qui est contre l'essence des contrats de cette dernière espèce.

Mais ce n'est pas tout : non seulement les deux mises des époux sont *perdantes* de leur nature, mais il en est une dont la perte se fait journellement sans nulle proportion avec la perte de l'autre. Il est sur tout physiquement impossible de rendre à une partie ce qu'elle a apporté.

En effet, qu'est-ce que l'épouse a apporté ?

Jeunesse, santé, fécondité, vertu, etc. voilà ses vrais apports, tout le reste appellé sa dot, ne fait pas le fonds du mariage, il n'en est que l'accessoire, comme l'on sait, très-accidentel, très-casuel, encore cet accessoire est nul pour le plus grand nombre des hommes.

Or, d'après ce qui vient de vous être exposé, n'est-il pas contraire aux premiers élémens d'ordre :

1°. Qu'après la perte irréparable de pareils avantages (non susceptibles d'aucune estimation civile), l'épouse puisse être répudiée par celui à qui ils ont été sacrifiés sans réserve, et se trouve dans l'impossibilité d'en restituer aucun.

N'est-ce point là, autoriser le plus monstrueux abus de la force, et légitimer de tous les despotismes le plus intolérable ?

2°. Si vous examinez la question sous l'aspect de

table,

table ; le pouvoir sur les épouses, les enfans,

---

l'autre partie, n'est-il pas absurde que celle-ci puisse vouloir, ou consentir tous ces sacrifices? N'est-il pas subversif de toutes les notions, que celle à qui la nature et la convention ont imposé le ministère d'épouse et de mère, vienne faire la loi, pour renoncer aux seuls biens qui lui restent, et sans lesquels elle n'a plus d'existence sociale? Certes, si ces résultats dérivent du principe que le mariage est un acte *purement civil*, nous devons en inférer que ce principe est faux, car les mêmes résultats sont en pleine contradiction avec les premiers élémens de justice, qui sont de protéger non seulement le foible contre le fort, mais le foible lui-même, contre ses propres erreurs et les écarts où la séduction a pu l'entraîner ; et si ensuite l'on veut me présenter le divorce comme un remède *triste mais forcé*, je réponds : il n'est pas moins absurde sous ce dernier rapport que sous les premiers : ce qui détruit entièrement la chose à laquelle on l'applique, n'est point de la nature des remèdes.

Peut-être ces vérités n'ont pas toujours été développées pour l'esprit d'une manière très-explicite ; mais elles ont été senties dans tous les tems, et ce sentiment universel vaut bien la reconnoissance la plus positive.

Depuis que les hommes civilisés se marient, le mariage a été pour eux un acte de religion.

Lisez l'histoire, vous y verrez que les époux se sont toujours unis par un serment prêté sur l'autel de la divinité, que si le mariage n'a pas toujours eu

les serviteurs, etc. ne fut plus qu'une autorité

---

le nom de *sacrement*, il a toujours été appellé un lien sacré, bien différent des autres conventions : or, ce qui est sacré, ce qui est scelé du serment, ne signifie-t-il pas un acte qui n'est plus arbitraire, qui n'est plus subordonné à la volonté de ceux qui l'ont fait ? enfin ces mots *sacrement*, *sacré*, *indissoluble*, ne sont-ils pas des expressions parfaitement synonymes.

Mais il y a plus : pour qu'il ne vous reste aucun doute à cet égard, jettez aussi un coup d'œil sur les fêtes qui chez toutes les nations ont accompagné le mariage.

Les flambeaux de l'hyménée, les pompes nuptiales, ces solemnités qui sont les mêmes par toute terre, cette mélancolie qui s'empare des époux le jour des nôces, tout cela n'est-il pas la preuve que les deux époux ont la résolution bien prononcée de se donner irrévocablement l'un à l'aure ; enfin tout cela ne justifie-t-il pas que la nature plus sage que les institutions des hommes, ne cesse jamais de les inspirer, et leur faire sentir la vérité dans les circonstances importantes où l'ordre moral ne peut être violé impunément ? En effet, je le demande, où sont les époux qui en s'unissant n'aient pensé faire qu'un marché purement civil, révocable à la volonté de l'un ou de l'autre ?

Quels sont les pères et les tuteurs qui l'ont ainsi pensé ?

Si quelques-uns se sont mariés avec ces dispositions,

de tutèle et de protection ; enfin, la famille

---

ils ont dû partir du principe qu'ils faisoient une convention inférieure à un bail à vie, un arrangement qui ne devoit pas durer cinq ans plus que deux, deux années plus qu'une, un an plus que six mois, un mois plus qu'une semaine ; mais je ne vois pas qu'un grand nombre d'époux aient jamais eu de pareilles idées, de pareils sentimens, et je ne le vois pas davantage de la part des ministres qui ont reçu leur serment, ou des autres personnes qui y ont coopéré.

Maintenant que nous avons fixé la nature du mariage, et montré les intentions avec lesquelles tous les hommes ont contracté cet engagement, il vous sera très-facile de prononcer entre les deux propositions, dont l'une affirme et l'autre nie l'indissolubilité du lien conjugal : raisonnant en simple logique (abstraction de tout motif de religion ou d'intérêt social), vous conclurez que la dernière est fausse ; mais si après cela, vous étendez votre raisonnement à la disposition de la loi révélée sur le même objet, vous verrez que celle-ci n'a fait que remettre en vigueur un principe méconnu et sanctionner une vérité éternelle ; enfin il vous sera démontré que l'auteur de la perfectibilité a voulu précisément par cette loi rétablir l'équilibre entre des parties inégales, mais sur-tout assurer le sort des épouses contre les ravages du tems et leurs propres foiblesses, contre les emportemens du despotisme et l'inconstance du cœur humain.

Si ensuite j'examine les nullités du mariage et la

et la société eurent un droit public, ou en

---

séparation, je les trouve l'une et l'autre dans le droit naturel, comme j'y ai trouvé l'indissolubilité. Il est palpable qu'un engagement aussi grave que celui-là, doit être fait avec parfaite connoissance, une pleine liberté, et que les contractans doivent avoir les qualités sans lesquelles ce contrat ne peut être rempli; si la justice annulle les transactions les moins importantes, quand les conditions essentielles y manquent, elle doit à plus forte raison suivre cette règle dans l'acte le plus sérieux de la vie.

Mais si par des incidens attachés à la foiblesse ou à la dépravation humaine, quand le contrat porte tous les caractères voulus par la justice et la loi, il arrive que les époux ne peuvent plus habiter ensemble; si leur cohabitation présente plus de mal à craindre qu'elle ne fait espérer de bien, le droit naturel m'enseigne qu'entre deux maux l'on doit choisir le moindre, subordonné à cette autre règle : que des êtres perfectibles pouvant dévier de la ligne du vrai, la loi de l'ordre moral doit leur ménager les moyens d'y rentrer toujours. Une loi de perfection rejette tous les moyens violens qui, sous le prétexte de remède, détruisent et anéantissent; loin de là, elle vient au secours des infortunés, s'établit médiatrice entre eux, en faisant tout à la fois respecter les principes. S'il en étoit autrement, elle ne seroit point dans le sens de la perfectibilité et de la moralité.

Si vous consultez l'expérience et le cœur humain,

d'autres termes, elles eurent la liberté, l'égalité, lesquelles seules constituent ce droit. Mais ce n'est pas assez; des principes qui venoient de si haut, ne pouvoient s'arrêter à l'intérieur des sociétés particulières : ils de-

---

ils vous donneront la confirmation de ces maximes aussi bien que celle des précédentes.

Ils vous diront que la séparation, quoique bien funeste et déplorable, est cependant un mal moindre que le divorce, soit du côté des époux, soit par rapport à la famille et à la société.

L'imagination tiendra un autre langage, mais ses illusions n'ont qu'un tems. L'état où elles mettent l'homme est contre nature; celle-ci tôt ou tard reprend son empire irrésistible, et cet empire est celui de la moralité.

Ici, remarquez combien est riche et fécond le principe d'où je suis parti dans mes conférences.

Je les ai commencées par établir que l'homme est perfectible et moral, et j'ai posé dès lors en assertion qu'avec ces deux idées, l'on avoit la clef de notre système. Je me persuade, d'après tout ce que nous avons dit jusqu'à présent, que votre conviction s'accroît à mesure que nous avançons dans nos recherches sur le droit naturel.

Aussi, je le répète, avec la perfectibilité et la moralité, on parvient à expliquer tout; mais sans ces deux principes, toutes les décisions de l'esprit humain sont ambiguës et à double sens, comme l'ont été les réponses des anciens oracles.

voient s'étendre aux rapports des peuples entre eux, ils devoient embrasser l'univers, c'est ce qui arriva (*).

La loi révélée est essentiellement pour tous les peuples, les limites des empires, les langages, les modes ne sont rien à ses yeux.

En conséquence, les rivalités, les antipathies, les défiances nationales, toutes ces petites idées entretenues par une politique aussi fausse que cruelle, diminuèrent, la confiance et les relations s'établirent. Il se forma après le *droit public*, le non moins précieux *droit des gens*, lequel n'existoit pas plus que le premier, et qui encore aujourd'hui est très-imparfait (**) chez les peuples

(*) Depuis que les nations septentrionales ont embrassé la religion chrétienne, elles ne sont plus tombées en masse sur le midi; en supposant que plusieurs causes aient empêché ces terribles émigrations, celle-ci doit être regardée comme une des premières. Depuis cette époque, les peuples en masse n'abandonnent plus le sol où ils sont nés; mais en revanche, les individus voyagent par-tout, s'établissent par-tout, parce qu'ils trouvent chez toutes les nations les mêmes principes fondamentaux d'ordre social.

(**) Selon les relations, les Chinois, quoique d'ailleurs très-civilisés, ont des loix fort atroces, par

où l'on ne suit d'autre règle que la raison. En un mot, avant la loi révélée, les devoirs des hommes et des peuples étoient oubliés, effacés, méconnus; par elle, ils furent rétablis, promulgués et sanctionnés de nouveau.

Si la guerre a continué ses ravages (*), du moins les règles d'une guerre légitime sont mieux connues. Ce fléau a perdu une grande

---

exemple, celle qui permet l'infanticide; cette loi n'existeroit plus sous la révélation.

(*) « Tous les chrétiens généralement ont trouvé » à propos, d'abolir entr'eux l'usage de rendre es- » claves les prisonniers de guerre, ensorte qu'ils » pussent être vendus, contraints de travailler, et » exposés à souffrir les autres mauvais traitemens » qu'on fait aux esclaves. Les sectateurs d'une re- » ligion comme celle de Jésus-Christ, étoient ou » devoient être trop bien instruits par un maître qui » recommandoit si fort tout acte de charité, pour ne » pouvoir être détournés de tuer de malheureux » hommes, que par la permission d'user envers eux » d'une moindre cruauté. Cette louable coutume » s'est perpétuée depuis long-tems parmi eux de père » en fils. C'est peu de chose, je l'avoue, mais enfin » c'est un effet du respect pour la religion chrétienne, » qui est venue ainsi à bout de ce que Socrate avoit » autrefois conseillé envain aux grecs ». *Grotius*, droit de la paix et de la guerre, liv. 3, chap. 7.

partie de ses horreurs : je dis une *grande partie*, puisque le nouveau droit des gens a imposé aux combattans la loi de se faire le moindre mal possible, et au vainqueur celle de respecter dans le vaincu, non seulement la nature et l'humanité, mais ses qualités et ses vertus acquises; oui, la loi révélée seule a rétabli l'ordre social, et par-tout où elle ne règne point, cet ordre est resté vicieux ; c'est une vérité sur laquelle vous ne pouvez plus avoir aucun doute, si vous lisez l'histoire et comparez les différens peuples entr'eux ; mais voyez sur cet article capital une reconnoissance non suspecte, une autorité qui couvre une proposition dans toute son étendue.

Si la religion chrétienne est éloignée, dit Montesquieu, du pur despostisme : « c'est » que la douceur étant si recommandée dans » l'évangile, elle s'oppose à la colère despo- » tique avec laquelle le prince se feroit jus- » tice et exerceroit ses cruautés, pendant que » les princes mahométans donnent sans cesse » la mort ou la reçoivent. La religion chez » les chrétiens rend les princes moins timi- » des, et par conséquent moins cruels ; le » prince compte sur ses sujets, et les sujets

» sur le prince : chose admirable ! La religion
» chrétienne qui ne semble avoir d'autre objet que la félicité de l'autre vie, fait encore notre bonheur dans celle-ci ; c'est la religion chrétienne qui, malgré la grandeur de l'empire et le vice du climat, a empêché le despotisme de s'établir en Ethiopie, et a porté au milieu de l'Afrique les mœurs de l'Europe et ses loix.

» Que l'on se mette devant les yeux, d'un côté les massacres continuels des rois et des chefs grecs et romains, et de l'autre la destruction des peuples et des villes par ces chefs, Thimur et Gengis-kan, qui ont dévasté l'Asie, et nous verrons que nous devons au christianisme, et dans le gouvernement un droit politique, et dans la guerre un certain droit des gens, que la nature humaine ne sauroit assez reconnoître.

» C'est ce droit des gens qui fait que parmi nous, la victoire laisse au peuple vaincu ces grandes choses, la vie, la liberté, les loix, les biens, et toujours la religion, lorsqu'on ne s'aveugle pas soi-même ». *Esprit des loix*, chap. 3, liv. 24.

Tout ce que j'ai rapporté sur les bienfaits produits par la loi révélée, se trouve dans ce passage de l'Esprit des loix, que j'ai cru devoir vous rapporter en entier. Son auteur reconnoît et prouve comme moi, que sans la religion chrétienne, il n'y a eu dans ce monde ni droit public, ni droit des gens, ni liberté, ni égalité; mais je ne suis pas également de son avis, sur la source première de tous ces avantages, et ceci mérite d'être observé. Selon lui, si la religion chrétienne est éloignée du despotisme, *c'est que la douceur*, si recommandée dans l'évangile, *s'oppose à la colère despotique avec laquelle le prince se feroit justice et exerceroit ses cruautés;* mais voilà évidemment confondre l'effet avec la cause, ou faire une pétition de principe. En effet, si la religion chrétienne est plus opposée que toute autre au despotisme, ce n'est pas seulement par les conseils ou recommandations évangéliques, toutes les religions du monde conseillent l'humanité et la douceur; ce n'est donc point parce que l'évangile recommande l'exercice de ces vertus, qu'il réprime le despotisme, mais c'est uniquement parce qu'ayant été manifesté par Dieu, il est devenu loi obligatoire ou principe de moralité effective: or, il y a une grande distance entre un conseil et une loi, comme on le voit par l'évangile lui-même.

Si le christianisme n'avoit pour fondement la révélation, il n'auroit produit aucun des avantages décrits par Montesquieu, il ne feroit pas, comme il le dit, le bonheur de ce monde. Otez-lui la révélation, il ne sera plus qu'un culte, un rituel comme un autre, un recueil d'usages et de cérémonies, incapables de réprimer le despotisme, et s'il renferme quelques beaux préceptes, ils ne seront que des conseils ou des raisons écrites, comme sont toutes les sentences philosophiques.

Pour relever les bienfaits du christianisme, l'auteur de l'*Esprit des Loix* lui a opposé, comme vous avez vu, les religions qui existoient, sous les tyrans qui ont tour-à-tour dévasté la Grèce, l'empire Romain, l'Asie, etc. et il a montré combien les mêmes religions ont été impuissantes contre leurs fureurs; mais ne devons-nous pas joindre à ce tableau quelques réflexions sur un événement dont nous avons tous été les témoins, et dont les désordres viennent d'être réparés par la sagesse. Il doit sans doute nous frapper bien davantage que des faits éloignés de plusieurs siècles, arrivés chez des nations qui depuis long-tems ont disparu de notre globe, ou dans ces régions inconnues, auxquelles nous prenons un très-foible intérêt.

Il est une nation célèbre, autrefois barbare, qui pendant quatorze siècles, a professé la loi révélée. Durant cette longue periode; elle a été heureuse et libre, recherchée de tous ses voisins, et regardée comme un des peuples les plus civilisés du monde.

Tout à coup il se fait chez cette nation une révolution morale, ceux qui l'ont subjuguée dans ce sens, lui persuadent que la loi révélée est une fable ou une imposture, qu'il est indigne de l'homme de suivre une autre règle que sa raison, un essain de propogateurs se répand dans tout l'empire pour y faire adopter ces maximes; elles sont prêchées dans tous les lieux, gravées sur toutes les murailles.

Les autels élevés depuis tant de siècles, à un Dieu *qui se révèle à l'homme*, sont renversés, et la nation transportée ne connoît plus que sa raison.

Quel a été le résultat de cette métamorphose? celui de la baguette de Circé.

Le peuple le plus aimable, le plus poli, sans nulle gradation, est tombé dans une barbarie inconnue des plus incultes, et les excès et les malheurs auxquels il a été en proie pendant cette affreuse époque, seront jusqu'au dernier de ses neveux un sujet éternel de deuil, de chagrin et de remords.

Ceux qui le conduisoient pendant cette crise d'horreur, furent les premiers consternés des ravages d'une doctrine dont ils avoient eux-mêmes fait ou admiré la théorie; ils virent bientôt que le torrent dévastateur dont ils avoient rompu les digues, alloit les engloutir. Ils imaginèrent l'arrêter ou le détourner, en décrétant qu'il *y* a un *Etre suprême, et que l'ame est immortelle*, mais remède inutile. Quelle force pouvoient avoir des maximes nécessitées par le besoin du moment, sur des hommes persuadés qu'il n'existe d'autre loi que la raison? Que leur importoit qu'il *y* eût une divinité ou un enfer, puisque la raison étoit leur seul guide? ils n'avoient plus rien à craindre de l'un ni de l'autre; aussi cette loi fut-elle un objet de dérision générale: les uns se mocquèrent du législateur qui vouloit par ordonnance que l'on crût en Dieu, et pour ceux qui n'y croyoient pas, ils n'en pensèrent pas moins comme leurs devanciers du tems de Juvénal :

Esse aliquot manes, et subterranea regna,
Nec pueri credunt, nisi qui mundum ære lavautur (*).

Et trop heureuse la société où ils se bornèrent à la spéculation de ces principes. On se souviendra long-tems de la *déesse* de la Raison et de ses apôtres; mais ce sera comme de ces volcans qui dans l'espace d'une heure, bouleversent la nature et

(*) Les peuples qui reconnoissent une révélation, quoique fausse, doivent avoir moins d'immoralité et un ordre social moins vicieux que ceux qui y ont renoncé entiérement, comme à une fable ou à un mensonge, pour s'en tenir exclusivement à la raison. Tout a ses dégrés, mais sur-tout la moralité; celui qui admet une révélation quelconque de l'être suprême, admet nécessairement une providence spéciale sur les hommes, ce que ne fait pas celui qui la nie : or, cette seule différence entr'eux est essentielle. Il est vrai que si, malgré cela, le premier se fait un Dieu sans justice et sans vertu, cette différence sera nulle; mais c'est précisément ce qui justifie qu'un Dieu sans toutes les vertus n'existe pas, et que le déisme se confond avec le matérialisme.

la rejettent dans le cahos, ou de ces astres malfaisans qui selon le crédule vulgaire, font sécher sur pied les pauvres humains.

CONFÉRENCE VIII *et dernière.*

Sur la Puissance spirituelle.

QUE la puissance spirituelle est une conséquence nécessaire de la révélation ; que sans puissance spirituelle, il n'y a pas de liberté.

Il est démontré par la raison seule, que la révélation est nécessaire ; mais ce n'est pas assez d'avoir établi un principe, il faut en outre développer les conséquences immédiates qui en dérivent, sans quoi l'on s'arrête à une pure abstraction inutile : or, ces conséquences, les voici.

1°. Les dispositions de la loi révélée doivent être universelles.

2°. Il a fallu que le dépôt de cette loi fût spécialement confié à un ou plusieurs hommes chargés de la propager, et la transmission du même dépôt a dû être réglée après la mort des premiers dépositaires.

3°. Le législateur a nommé l'interprète de cette loi pour en faire l'application aux cas particuliers non prévus. Ces trois conséquences sont

sont nécessaires : en effet, 1°. une loi de l'être suprême est pour tous les hommes en général, sans nulle exception.

2°. Si le dépositaire n'en eût pas été nommé, le dépôt s'en seroit altéré, défiguré ; elle fût devenu méconnoissable après très-peu de tems.

3°. Si quelqu'un n'a pas été chargé d'appliquer la loi aux espèces individuelles, chacun a le droit de l'interprêter à sa manière, et de lui donner le sens qu'il juge à propos, ce qui seroit la rendre entiérement illusoire. Que diroit-on d'une loi civile qui n'auroit ni interprète, ni juge, ni greffier? On diroit qu'elle est incomplette ou plutôt inexécutable : or, il en est évidemment de même pour la loi révélée.

Ces propositions qui sont extrêmement simples, et ne paroissent susceptibles d'aucune objection, amènent les corolliaires suivans : 1°. la loi révélée et la loi civile sont des choses essentiellement distinctes ; 2°. la première n'agit que sur la conscience, en vue de la moralité des actions humaines ; 3°. la qualité de chef civil et celle d'interprète de la loi révélée, sont des autorités de deux natures différentes, et cette différence essentielle consiste en ce que la dernière n'a pas de pouvoir exécutif dans le monde ; que toute sa compétence se borne à juger si une action est conforme ou non, aux articles révélés.

Avant la révélation, ce tribunal n'existoit pas, et la raison en est sensible :

Antérieurement à cette époque, les règles d'ordre social, ainsi que nous l'avons prouvé ci-devant, n'étoient ni connues, ni fixées ; chaque gouvernement avoit les siennes propres, comme chaque école de philosophie ; chaque nation avoit ses Dieux, lesquels n'étoient pas ceux des autres ; le magistrat dans ces tems étoit en même tems chef civil et ministre du culte, en un mot, ce qu'on appelloit alors religion, étoit civil comme les loix.

Mais la loi révélée ayant mis fin à toutes ces différences, ayant réuni tout le genre humain, et soumis toutes les actions à la même moralité, elle introduisit nécessairement un centre d'unité pour tous les peuples. Il se forma en conséquence une jurisdiction commune qui prononça sur la moralité effective de telle ou telle action, et de-là enfin s'établit un for spirituel qui fut réellement distingué du for civil.

Nous avons dit qu'avant la révélation, cette distinction n'existoit pas d'une manière explicite et sous une forme légale ; mais cependant si nous considérons les choses en elles-mêmes, nous la trouvons dans la nature de l'homme.

En effet, 1°. celui-ci est une créature morale, existant sous l'empire des maximes éternelles et de la loi révélée, avant d'être citoyen ou membre d'une telle société politique, ce dernier état est pour lui secondaire ou accidentel ; il est par conséquent sous le premier rapport responsable à une autorité primitive, antérieure à la loi du pays où il se trouve accidentellement. Rappelez-vous qu'une action permise par la loi civile, n'est point toujours conforme au droit naturel, ou à la loi révélée.

2°. Les loix civiles ne peuvent connoître des actions secrètes : or, ces sortes d'actions formant le plus grand nombre de celles que font les hommes, elles doivent être soumises à une autre règle.

3°. Il est des actions dont la moralité est douteuse, non seulement par elles-mêmes, mais par les circonstances qui les accompagnent. Dans tous les tems, l'homme le plus instruit, le plus sage, s'est dit à lui-même: la loi semble permettre cela, *mais puis-je le faire en conscience?* Il est donc nécessaire que toutes les actions de cette classe soient jugées bonnes ou mauvaises, ou indifférentes.

Il importe à l'individu, pour la sûreté de sa conscience, de savoir quel en sera le rapport avec la loi révélée, ou en d'autres termes, quelle en sera la moralité actuelle: or, c'est ce qu'il ne pourra connoître, s'il n'existe un juge, un régulateur chargé d'éclaircir ses doutes et de fixer ses incertitudes. Donc le pouvoir spirituel, sous un nom ou sous un autre, est vraiment dans le droit naturel lui-même, et le législateur qui l'a établi (j'ose le croire), n'a rien créé de nouveau, n'a rien changé à la substance des choses. Lorsqu'il publia cette grande maxime: *payez à Dieu ce que vous devez à Dieu, à votre gouvernement ce que vous devez à celui-ci*, il ne fit que tirer une conséquence immédiate de l'immortalité de l'ame, que développer d'une manière explicite ce qui est dans la nature d'un être moral; il ne fit, en un mot, que révéler à notre esprit ce que le sentiment nous apprend déjà, qu'avant la loi civile il en existe une autre qui est la garantie de celle-là.

Quand Jésus-Christ enseigna cette règle, le droit naturel étoit entiérement méconnu, il n'y avoit dans le monde ni *droit public*, pour l'intérieur de chaque société, ni *droit des gens*, pour les peuples entr'eux. Ainsi, en distinguant les deux pouvoirs et la double obligation qui en résulte, il fixa les principes de ces deux sciences, jusqu'alors *arbitraires* ou plutôt nulles. Il ordonna la pratique de cette théorie simple, mais sublime, qui étoit perdue et l'est encore aujourd'hui pour beaucoup d'hommes : que les *maximes éternelles sont antérieures aux lois politiques, que les hommes, quoiqu'éloignés d'un pôle à l'autre, ont la même origine, la même fin ; en un mot, qu'ils ne forment qu'une seule société sous l'empire moral d'un même chef.*

Je ne sais, mais qu'on me permette de le répéter, n'est-il pas évident que ces principes sont dans la nature d'un être immortel et perfectible ? ne l'est-il pas, que la providence en les manifestant n'a fait que notifier et sanctionner un principe qui, sans cette notification et cette sanction, n'avoit aucune force.

C'est une très-grande erreur et trop commune, de ne regarder l'évangile que comme un livre de morale; il est bien plus un livre de droit public et qui renferme les maximes fondamentales d'ordre, ceux qui ne le voient pas ainsi, n'ent ont pas une idée juste.

Mais continuons notre développement: l'autorité spirituelle étant distinguée dans son essence, de la civile, comment doit-elle être exercée? Peut-elle être réunie à celle-ci ou peuvent-elles être confondues?

Cette question importante a toujours fait beaucoup de bruit, et néanmoins elle se décide d'après les règles les plus simples de droit naturel.

La première est faite pour diriger la conscience, son action doit donc être séparée et indépendante de celle-ci, autrement celui qui porte le glaive et a la force physique, sera aussi le juge de la moralité; mais rien ne seroit plus contraire à l'égalité, à la liberté. C'est ce qui a été reconnu par tous ceux qui ont médité sur les principes d'ordre social; et notamment par les publicistes qui ont présidé à toutes les constitutions françaises (*).

(*) Voyez la Déclaration des droits de l'homme.

Selon ces publicistes, le despotisme légal n'est autre chose que l'*accumulation des pouvoirs* : or, d'après cette définition, si l'autorité spirituelle se trouve réunie dans les mêmes mains que la civile, on aura sans doute la plus forte cumulation possible, puisque les deux sources de tout pouvoir seront elles-mêmes confondues (*).

On pourroit se borner à cette preuve, qui est fondée sur les élémens des choses; mais ajoutons-y quelques réflexions, puisées dans l'histoire du despotisme.

Dans les tems où étoient sur le trône ces hommes qui ont fait la honte de l'espèce humaine et le malheur de leur siècle, la séparation dont nous parlons n'existoit pas, ils confondoient dans leurs mains les deux puissances. Quelle fut en eux l'effet de cette confusion? Rien ne les modéra, et leur inconcevable perversité ne connut aucun frein; mais si la constitution de l'état qu'ils

(*) Il y a plus, nous prouverons dans la suite que ces deux puissances seules sont séparables, et que les autres pouvoirs politiques qu'on a voulu diviser, ne sont susceptibles d'aucune séparation réelle dans la souveraineté.

gouvernoient eût tenu les deux jurisdictions distinctes et séparées, si elle eût accordé à l'interprète de la loi révélée, le pouvoir de prononcer que telle action, telle habitude étoit immorale, contraire aux maximes primitives, ces chefs eussent-ils commis tous les forfaits dont ils se couvrirent? Et si le même interprète eût eu la faculté, par un jugement qui est toujours sans exécution et purement comminatoire, d'exclure de la société *morale*, non seulement des êtres immoraux, mais des êtres qui n'avoient plus rien de l'humanité, croit-on qu'ils eussent été si fort multipliés ?

Assurément cela n'est point probable : d'abord, ils auroient reçu une toute autre éducation, celle-ci leur eût donné nécessairement d'autres idées, d'autres sentimens, l'exemple de l'un auroit arrêté l'autre ; mais en supposant dans leur nature tous les vices qui s'y développèrent si horriblement dans la suite, ils eussent du moins été contenus par le pouvoir spirituel et celui de l'opinion publique, qui en résulte. Sous cette autorité de surveillance, bien plus imposante que la censure, personne n'auroit eu la bassesse de se déclarer l'apologiste de pareils monstres. Le Sénat romain n'eût pas osé approuver le meurtre d'Agrippine, en un mot le modérateur auroit eu un effet quelconque, et beaucoup de crimes ne souilleroient pas aujourd'hui les pages de l'histoire ancienne ou moderne.

L'on ne manquera pas de me citer en exemples, des hommes dont toutes ces considérations n'ont pas empêché les excès ; mais tous les faits personnels n'empêchent pas les principes d'être ce qu'ils sont, ils ne prouvent pas que l'institution dont nous parlons ne soit une suite nécessaire de la loi révélée, et ne doive exister dans le systême des êtres moraux et perfectibles. Tout ce qui les conduit à la moralité et à la perfectibilité est dans leur nature, et tout ce qui les en éloigne est contraire à cette même nature: or, un état où n'existe point un régulateur des mœurs, indépendant du magistrat civil, est manifestement contraire à la perfectibilité, puisque le plus grand nombre ne peut savoir, sans ce moyen, ce qui sera vrai ou faux, bon ou mauvais.

Ce que nous venons de dire sur le despotisme personnel, s'applique aussi naturellement au despotisme légal, sous lequel est encore courbé la plus grande partie de notre univers.

Il disparoîtra de ces régions, dès qu'il y aura un for intérieur, indépendant, sans force coactive, où sera discuté et jugé le mérite intrinsèque de toutes les actions humaines, dans leur rapport avec l'être qui est la source de toutes les perfections. Oui, quand cela sera, leurs habitans auront un droit public, un droit des gens, ils connoîtront la liberté, l'égalité.

Selon Montesquieu (*), tous les princes qui ont voulu être despotes, ont commencé par réunir en leurs personnes les grandes charges de l'état; nous verrons à n'en pas douter, si nous lisons l'histoire avec impartialité, que cette réunion s'est principalement opérée sur la magistrature spirituelle.

Celle-ci étant la seule qui dans la nature soit réellement séparée de la civile, et puisse tempérer celle-ci, toujours les despotes ont débuté par l'envahir, ou mettre dans une servile dépendance ceux qui en étoient revêtus, et quand ils n'ont pu y réussir par

---

(*) Liv. 11, chap. 6.

la douceur, ils ont recouru aux armes de la persécution.

Telle est la marche constante de la tyrannie ; on conviendra par exemple, que Henri VIII d'Angleterre fut un despote, mais auroit-il pu le devenir aussi facilement, s'il n'eût pas fait joindre à sa couronne la suprématie de l'église anglicane ? Ne lui fut-il pas aisé par cette confusion, de se jouer sans nul obstacle de ce qu'il y avoit de plus sacré, d'immoler à sa passion, à ses caprices du quart d'heure tout ce qui le contrarioit, de faire périr les hommes les plus respectables, uniquement parce qu'ils ne pensoient pas comme lui (*). Certes, il est à croire que les excès de ce prince ne seroient pas allés si loin.

Voilà pourquoi aussi les doctrines qui

(*) Dans les affaires de religion plus que dans tout le reste, Henri VIII se montra également bizarre et atroce. La puissance spirituelle qu'il s'étoit fait attribuer, il l'exerçoit en théologien despotique, armé du glaive pour établir ses opinions : ses articles de foi dépendoient d'un instant de caprice. Le parlement fit sur ces objets un fameux statut digne d'être appellé *statut de sang*..... Mais le plus grand crime étoit de nier ou révoquer en doute la suprématie du roi, en un mot, de ne pas prêter serment de la reconnoître ; c'est ce qui conduisit à l'échafaud

ont nié ou affoibli l'autorité spirituelle, ont eu tant de facilité à s'établir; c'est aux princes seuls, ou aux magistrats dont elles flattoient les passions ou augmentoient la puissance, et non aux peuples, qu'elles sont redevables de leurs progrès.

Si l'on demandoit entre plusieurs autres, une preuve de la déférence aveugle de quelques-uns de ces novateurs, aux volontés du plus fort, ne suffiroit-il pas de voir la fameuse consultation dans laquelle Luther, avec plusieurs autres théologiens, décide que le Landgrave de Hesse-Cassel peut à la fois épouser deux femmes légitimes. N'est-ce pas fléchir le genoux devant l'idole, que de permettre au chef de transgresser publiquement la première loi de l'état? Lorsque la puissance morale est nulle, le despotisme n'a plus de frein (*).

---

l'illustre chancelier Thomas Morus et Jean Fischer, prélat d'un rare mérite. *Hist. universelle*, de l'abbé Millot, *art. d'Angleterre.*

(*) Cambyse, roi de Perse, consulta aussi, pour la forme, les mages ou la *puissance spirituelle d'alors*, sur la question de savoir s'il pourroit épouser sa sœur. Ils répondirent: *il n'y a pas de loi qui permette à un frère d'épouser sa sœur, mais il y en a une*

Ce que les princes ont fait dans leurs états pour être despotes, les magistrats ou députés des peuples, l'ont fait dans les républiques, pour arriver au même terme. C'est par-là qu'ils ont débuté les uns comme les autres, et si tous n'ont pas précisément employé les mêmes violences, si quelques-uns ont préféré des moyens indirects et plus doux, leur but n'en a pas moins été le même, celui de diviser ou rendre nulle une puissance collatérale qui les gênoit.

Pour justifier ces entreprises, on m'opposera les abus sans fin qui résultent de l'indépendance du pouvoir spirituel. On dira comme l'on a toujours dit.... « Dans ce » systême, les rois, les gouvernans ne sont » plus qu'en sous ordre dans leurs pro- » pres états, ils n'ont plus la confiance » des gouvernés, ceux-ci seront les sujets » d'une puissance étrangère, etc. » On prouvera qu'en mille occasions, celle-ci s'est immiscée dans les affaires temporelles, a mis le

---

qui permet au roi de Perse de faire tout ce qu'il veut. Voilà les réponses des sages, quand ils sont esclaves du pouvoir qui a la force et les trésors, c'est-à-dire, qu'ils sont ses plus grands ennemis.

trouble chez les peuples, les a soulevés contre l'autorité légitime, etc.

D'autres diront : cette séparation est purement idéale, *il est impossible* qu'elle se réalise jamais. Tenant leur existence, leur fortune du prince, les ministres du pouvoir spirituel seront toujours les serviteurs de la puissance civile, ainsi le despotisme n'en aura que plus d'intensité. En supposant fondées toutes ces imputations (elles l'ont été trop souvent), elles ne prouvent rien contre les principes établis dans cette conférence.

Celle-ci a pour objet unique de rechercher, conformément au dessein général de l'ouvrage, 1°. si la puissance spirituelle est une suite de la loi révélée ; 2°. dans ce cas, si elle doit être séparée de la civile : voilà les deux seules questions qu'elle présente. Si l'on se décide pour l'affirmative, l'on m'accorde tout, on avoue que les détracteurs de cette autorité, ou ceux qui la veulent confondre avec la civile, sont également les fauteurs du despotisme. Quant aux abus, ils n'entrent pas dans mon plan : sans doute il faut que chaque puissance reste dans ses limites, et ne dépasse point les bornes de sa sphère ; comme les forces centripetes et centrifuges dans le monde physique, elles doivent se balancer dans le monde moral, sans jamais se heurter ni se confondre. Mais comment, dira-t-on, prévenir ou empêcher ces chocs, ces confusions? C'est ce qui est laissé au travail des hommes et à la perfectibilité de la science sociale.

En tous cas, si les ministres respectifs se conduisent d'après ces principes, l'ordre et l'équilibre, en d'autres termes, la liberté et l'égalité possibles en résulteront nécessairement.

Les uns chargés d'enseigner les règles de la morale et de prononcer sur la moralité actuelle des actions, formeront toujours par leurs mœurs la classe sa plus respectable de l'état. Interprètes de la loi révélée, ils apprendront aux autres que la sentence du législateur est indivisible, et que l'on doit obéir autant à une autorité qu'à l'autre; que si ces deux pouvoirs doivent se distinguer dans le droit, ils ne peuvent se diviser dans le fait; enfin que sous le rapport de l'ordre public, ils ne font réellement qu'un, comme l'ame et le corps font un seul tout.

Toutes propositions tendant à affoiblir ces maximes seroient la perte assurée de gens qui n'existent et ne peuvent exister que par l'observation des principes : ils agiroient contre eux-mêmes.

Les magistrats, dans cet état de choses, ne doivent pas croire non plus qu'ils seront dans la dépendance des chefs de la religion : loin d'eux cette idée, ce sentiment! jamais les hommes ne doivent dépendre de leurs semblables ; mais rien ne peut les soustraire à l'empire des maximes éternelles ; et cependant s'il arrive, malgré toutes les précautions, qu'une autorité usurpe sur l'autre, il ne faut pas s'en alarmer, il en résultera nécessairement des effets salutaires, il se fera des discussions dont la vertu infaillible sera de remettre les choses à leur place, de repousser et le despotisme ou l'abus, de quelle part qu'il vienne, et de raffermir la liberté publique.

C'est une erreur bien capitale, selon moi, de croire qu'un pouvoir social, pour être bien constitué, doit être revêtu de toutes les forces possibles, sous prétexte d'unité de gouvernement : la perfection de la science, consiste à ne donner à ce pouvoir précisément que la force dont il a besoin pour remplir son

son objet, au-delà se trouve l'arbitraire.

Ce n'est pas encore tout : si la nature elle-même a tracé les lignes dans lesquelles doivent se tenir les autorités différentes, si elle a voulu qu'elles fussent séparées et balancées l'une par l'autre, ce seroit agir contre l'essence des choses, que de les réunir ; enfin ce seroit organiser le despotisme d'après les définitions qui en ont été données, et notamment par les constitutions modernes elles-mêmes. Tout ce qui est à faire dans ce cas, c'est de fixer le plus solidement possible le point de séparation que la nature a mis entre ces mêmes autorités, on ne peut aller plus loin. Une chose sans abus entre les mains des hommes, est une chimère, le mieux est ordinairement l'ennemi du bien (*).

(*) Rousseau professe l'immortalité de l'ame, l'existence d'une divinité active, bienfaisante, prévoyante, pourvoyante, le dogme des peines et des récompenses ; il démontre la liberté de l'homme, prouve avec énergie que le *droit du plus fort* est un contre-sens, une absurdité, que force et moralité sont des contradictoires ; s'il parle de l'évangile, ce n'est qu'avec le plus profond respect, il l'appelle le livre divin, le livre d'une vérité au-dessus de toute critique ; il

—D'après le tableau des avantages que vous

---

dit que, si la vie et la mort de Socrate sont d'un sage, la vie et la mort de Jésus-Christ sont d'un Dieu; personne n'a traité ces articles avec plus d'éloquence : mais vient-il à parler du *royaume spirituel*, ce n'est plus le même homme : tout-à-coup contraire à lui-même, il ose accuser *Jésus* d'avoir par cette doctrine fondé sur la terre le plus cruel despotisme, et il va jusqu'à dire que cette religion est *si évidemment mauvaise, que c'est perdre son tems que de s'amuser à le démontrer*. Examinons en logique ou en droit naturel, le mérite de ces assertions : Rousseau reconnoît l'immortalité de l'ame, un Dieu qui récompensera les justes, punira les pervers dans un autre monde, etc. mais déjà tous ces objets ne forment-ils pas un ordre moral qui n'a aucun rapport avec l'ordre visible? Cet ordre moral n'est-il pas lui-même un royaume spirituel, ces termes ne sont-ils pas des synonymes? Ne représentent-ils pas, *quant au fond*, absolument les mêmes idées? Quelle est donc la différence entre l'ordre moral philosophique et le royaume spirituel de l'évangile? la voici.

Le premier est une simple abstraction sans loi, sans règle positive, c'est-à-dire, un ordre sans ordre, un état moral sans moralité. Le royaume spirituel de l'évangile au contraire est organisé; son fondateur lui a donné des loix, des ministres, des propagateurs; il a voulu qu'il servît efficacement au bonheur et à la civilisation du genre humain. Telle

attribuez à la loi révélée, il suit qu'elle seule peut gouverner les hommes.

---

est la différence; mais s'il est un ordre moral séparé de l'ordre visible, celui-là existe-t-il moins réellement dans la nature que celui-ci? le premier doit-il être moins organisé, doit-il se réduire à des conceptions vagues et inutiles, enfin ne doit-il produire aucun effet? En vérité, rien ne seroit plus inconséquent et plus contradictoire avec le principe reconnu.

L'auteur du contrat social reconnoît un dieu bienfaisant, mais il trouve absurde que ce dieu de bonté ait voulu réunir toutes les nations sous une loi commune: il trouve au contraire dans l'ordre, que les peuples soient toujours isolés les uns des autres, dans un état de défiance et de guerre. Il admire l'évangile, mais il ne veut pas que la providence ait chargé des hommes d'en propager les maximes, de les enseigner à ceux qui ne les connoissent pas; il professe la punition des pervers dans un autre monde, mais il ne veut pas que Dieu pour les punir justement leur ait fait connoître la loi à laquelle ils doivent conformer leurs actions; il avoue qu'une société ne peut subsister sans religion, mais il trouve qu'une religion spirituelle ne peut faire que des esclaves, etc. L'histoire de l'esprit humain n'offre pas un mélange plus rapproché des propositions les plus contradictoires. Il semble que son auteur ait pris à tâche de tout accorder pour après cela s'autoriser à

La loi révélée est indispensable à une société d'êtres moraux, que par cela seul on reconnoît responsables de leurs actions envers l'être suprême. Cette loi doit embrasser les hommes de tous les pays, elle doit avoir un dépositaire et un interprête; mais la jurisdiction de celui-ci, n'ayant d'autorité que sur les consciences ne pouvant décider que sur le rapport des actions humaines avec la loi révélée, elle est sans force coactive, ou sans exécution physique. Il faut donc à l'ordre social, une autre autorité dont l'action soit extérieure, qui ait le droit de faire des lois propres à chaque peuple en particulier, et soit investie de la force suffisante pour les faire exécuter.

Les principes essentiels de cette institution

---

tout nier : on diroit qu'il ne parle si éloquemment de l'être suprême et de ses perfections, que pour vous amener ensuite à agir comme s'il n'existoit pas. Cette tactique est sans doute aussi fausse que celle de l'athéisme : mais elle en est plus dangereuse et plus perfide, lorsqu'elle se trouve employée par une imagination vive et ardente; l'imagination la plus riche n'est pas l'instrument de la logique.

connue sous le nom de souveraineté, et gouvernement civil, feront la matière du livre suivant.

Fin du deuxième Livre et du Tome I.

TABLE

Des Conférences renfermées dans le premier volume et des matières qui sont discutées dans chacune d'elles.

LIVRE PREMIER.

LIVRE DEUXIEME.

seul modérateur de la force, en opposant toujours le droit au fait. -- L'évangile ne contient pas seulement les règles de la morale, il renferme aussi les principes du droit des gens et du droit public. -- Ceux qui admettent un autre droit que celui du plus fort, et rejettent cependant la jurisdiction spirituelle, sont inconséquens avec eux-mêmes. -- Les abus qu'ont fait, ou que feront les hommes, de cette institution, ne prouvent rien contre ses principes.

Fin de la Table du premier Volume.

Les objections des Conférences, seront indiquées par cette marque —

Les réponses ou solutions par ce double trait =

ERRATA *du premier Volume.*

Livre I. Conférence 4, page 24, à la note: *manière de morale*, lisez *manière d'être morale.*

Conférence 9, page 49, à la note : *l'adresse qu'il lui est jointe*, lisez *l'adresse qui.*

Conférence 10, pag. 59, dictamens, lisez, *dictamens.*

Livre II. Conférence 1, page 88, à ces mots: *mon existence*, lisez: *de mon existence.....*

Conférence 2, page 103, au commencement, supprimez les deux traits -- =.

Conférence 7, page 177, à la note, à ces mots, -- *la raison n'est point parvenue à définir la souveraineté*, etc. lisez cette note à la page 173, après ces mots: *la souveraineté et l'obéissance.*

www.ingramcontent.com/pod-product-compliance
Ingram Content Group UK Ltd.
Pitfield, Milton Keynes, MK11 3LW, UK
UKHW020241180726
13839UKWH00001B/103

9 782329 567822